融资源

利益共同体

融钱

事业共同体

融人

命运共同体

绩效合伙

搭建成长型企业融钱、融人、融资源系统

郑东明 著

电子工业出版社
Publishing House of Electronics Industry
北京·BEIJING

未经许可，不得以任何方式复制或抄袭本书之部分或全部内容。
版权所有，侵权必究。

图书在版编目（CIP）数据

绩效合伙：搭建成长型企业融钱、融人、融资源系统 / 郑东明著． -- 北京：电子工业出版社，2024．7．
ISBN 978-7-121-48454-4

Ⅰ．F271

中国国家版本馆 CIP 数据核字第 20241LG747 号

责任编辑：张振宇
文字编辑：杨雅琳
印　　刷：三河市鑫金马印装有限公司
装　　订：三河市鑫金马印装有限公司
出版发行：电子工业出版社
　　　　　北京市海淀区万寿路 173 信箱　　邮编：100036
开　　本：710×1000　1/16　印张：15　字数：235.6 千字
版　　次：2024 年 7 月第 1 版
印　　次：2024 年 7 月第 1 次印刷
定　　价：78.00 元

凡所购买电子工业出版社图书有缺损问题，请向购买书店调换。若书店售缺，请与本社发行部联系，联系及邮购电话：(010) 88254888，88258888。
质量投诉请发邮件至 zlts@phei.com.cn，盗版侵权举报请发邮件至 dbqq@phei.com.cn。
本书咨询联系方式：(010) 88254210，influence@phei.com.cn，微信号：yingxianglibook。

序　言
商者无域，相融共生！

亲爱的读者朋友，您好！在您正式阅读这本书之前，我想重点强调8个字，那就是"商者无域，相融共生"。这8个字对我的触动非常大，同时也是我当初研发这套绩效合伙人系统时所秉承的核心思想。

今天的商业世界已然进入一个全新的时代，商场竞争的焦点，不是企业之间产品功能的竞争，也不是企业家个人能力的较量，而是企业是否拥有一个能够融合各项资金、人才、资源的系统，我们称为"合伙人系统"。

那么在这个新的环境下，成长型企业能够得以持续发展的核心动能到底是什么呢？

接下来就由我来给您详细分析一下，逐一讲透这里面的核心原理。

首先，我们要明确一个概念，即"新商业时代"。"新商业时代"是以人工智能广泛应用为代表的万物互联的时代，为了迎合"万物互联"这个趋势，企业需要重新构建人与人、人与资源、人与资金之间的关系。"合伙人系统"的诞生，就恰逢其时地满足了这个需求，成为新商业时代万物互联背景下重构各种生产关系的第一抓手，也是科学应对各种不确定性风险与挑战的优选模式。

小米的创始人雷军说过，"抓住时代浪潮的人，不一定是最强壮的，不一定是最智慧的，但是一定是最适应这个变化并能顺势而为的人"。

企业只有顺应时代的变化，调整自己，最终才有机会活下来。

这也是如今很多企业都在抢占"智能汽车"这个赛道的根本原因。雷军说要花1000亿元去做智能汽车，毕其功于一役。由于这个行业不是很赚钱，很多人劝他别造车。其实从长远的角度来看，他们都错了，雷军根本没想着靠造车赚钱。因为智能汽车这个载体是未来头部商家的必争之地，它是未来消费者和商业世界产生联系的重要媒介。就和现在人们离不开智能手机是一个道理，未来人们所有的购买行为，所有能够和这个商业世界发生连接关系的行为，全部都只能通过智能手机和智能汽车这类的信息载体来中转实现。

2012年，我创办了"幸福汇咨询"——一家专注于为成长型企业在顶层战略设计上提供系统解决方案的专业管理咨询机构。我将自己20多年的管理咨询实战经验整合形成一套能够有效落地的方法论，并在进一步的实践中持续不断创新，反复完善，最终演化成大家现在接触到的"绩效合伙人系统"。

该系统以"道"为核心思维，以"法"为整体框架，以"术"为解决方案，以"器"为落地工具。整个系统可以概括为3大板块、9大核心、27个工具，所有的"道、法、术、器"融合在一起，最终形成了绩效合伙人系统的完整模型。

这套模型主要解决企业的什么问题呢？我在辅导众多成长型企业发展的过程中发现，绝大部分企业都具有一个痛点，就是企业缺乏一套真正"结合了短、中、长期各个时间段，完整、有效的战略激励体系"。大部分企业往往只注重当下的激励效果，也就是偏重短期激励，而忽略了中、长期激励体系的建立。过分关注短期激励体系，就像一个人受了伤，伤口流血，伤者不以为意，以为止一下痛就万事大吉了，没有从源头上找寻病根，结果导致后来接连不断出现让自己意想不到的更严重的病症。这是缺乏系统思考、战略思维的必然结果。

关于企业内部的激励体系设计，国内优秀的企业目前都开始进行思考了。它们眼光更为长远，除了解决好员工的短期激励问题，还要考虑员工退休以后的收入保障问题，甚至连员工子女求学问题都在考虑范畴之内。这才是未来所比拼的长期激励体系，脱离了当下单纯受利益刺激的狭隘局限性。我们要认识到，当今社会的意识形态和新生代的内心需求真的改变了，从70后一代有工资发就满足，到80后一代要求得到必要的尊重，再到90后一代要求舒适的环境，到如今00后一代一言不合就"开除"企业家的果决，人们关注的不仅是当下的收入，还有明天的成长，最重要的是还要有后天的希望。

对于企业来说，必须建立起一整套结合了短、中、长期不同时间段，行之有效的战略激励体系。战略激励体系既要给年轻人当下的刺激，又要不断地让他们挑战更高的职位，面对未知的领域，持续增加过去不具备的能力，才能满足他们的深层次需求。

企业外部各种资源的融合也同样如此。只有充分激发所有利益相关者的动力与激情，才能让他们将拥有的资金、资源为企业所用，迸发出无限的潜能，创造出超乎想象的最大价值！

我在设计"绩效合伙人系统"的时候，迎合了新商业时代的这种全新价值需求，最终目的是实现人才、资金、资源的"三体合一"。

什么是"三体合一"？

第一个"体"是利益共同体，即解决所有利益相关者当下的收入问题。这方面可以通过"动态价值评价"和"贡献值奖金分配"这两个工具来实现。

第二个"体"是事业共同体，即解决所有利益相关者明天的成长问题。从利益共同体变成事业共同体，这方面将通过"合伙层级晋升"和"贡献值赋能"这两个工具来实现。

第三个"体"是命运共同体，即解决所有利益相关者后天的希望问题。这方面主要使用"文化战略落地"和"合伙裂变模式"这两个工具来实现。

以上说到的工具的使用方法，我会在后面的章节中逐一描述。

沧海横流，方显英雄本色；青山矗立，不坠凌云之志。20年商海浮沉，方获一域真知，有幸与各位分享。感谢在成长道路上和各位相遇，感谢各位在众多经营管理类书丛中选择本书，感谢众多的学员企业在无数的管理咨询公司中选择"幸福汇咨询"。衷心希望未来能够借用幸福汇咨询团队的整体力量，持续协助成长型企业落地解决顶层设计、绩效管理、合伙裂变方面的系列问题，助力企业实现利润持续增长，基业长青！如有与本人深度交流的需求，您可以关注微信公众号"幸福汇咨询"，将您的想法发给我的助理，同时回复"18"，您可以顺便领取我们赠送给您的关于绩效合伙人的各种协议模版的电子版专有福利，谢谢！

最后，送给所有读者朋友一句话，唯有持续学习，方能生生不息！

共勉！

CONTENTS 目录

第一章
内忧外患
中小民营企业面临的困局
001

CHAPTER 1

第一节 中小民营企业内外部环境分析 003
一、中小企业的划分标准 003
二、国家对中小企业的支持举措 004
三、中小企业实际面临的压力 005

第二节 中小民营企业管理现状分析 006
一、囚——缺人才 006
二、固——缺资金 009
三、困——缺资源 011

第三节 中小民营企业摆脱困境的思路 012
一、解决人才紧缺问题 012
二、解决资金短缺问题 013
三、解决资源匮乏问题 016

第二章

初见端倪
何为"绩效合伙人系统"
017

第一节　合伙人的时代背景 019
　一、雇佣时代 020
　二、交易时代 020
　三、合伙时代 021

第二节　绩效合伙人系统 022
　一、绩效合伙人系统中的"合伙人" 022
　二、绩效合伙人系统中的"绩效" 023
　三、绩效合伙人系统中的"系统" 024
　四、绩效合伙人系统的核心思想 025
　五、绩效合伙人系统的落地逻辑 030

第三节　绩效合伙人系统的五大优势 032
　一、解决身份问题 032
　二、控制权统一 033
　三、让合伙人拥有"企业家状态" 034
　四、能够科学分钱 034
　五、使人才持续奋斗 034

第四节　绩效合伙人系统的匹配性 035
　一、合伙团队中的四类人 035
　二、对于企业家的要求 036
　三、各行业、阶段企业能否导入绩效合伙人系统 038

第五节　绩效合伙人系统vs股权激励 045
　一、人的身份 046
　二、风险 047
　三、决策权统一 052
　四、进入退出程序 053
　五、征税 054

第六节　绩效合伙人系统的三大前提 054

一、"无利润，不合伙" 054

二、"无绩效，不合伙" 058

三、"无规则，不合伙" 061

第三章

顶层设计
065

CHAPTER 3

第一节　文化落地 068

一、企业文化的概念 068

二、企业文化的层次结构 070

三、企业文化的核心内容 071

四、企业文化的重要性 074

五、如何提炼企业使命 081

六、如何提炼企业愿景 084

七、如何提炼企业价值观 086

八、每家企业的文化基因都是独一无二的 088

九、找出企业发展已久的文化基因（企业价值观） 090

第二节　商业模式 095

一、商业模式的定义 096

二、什么是"好的"商业模式 097

三、商业模式画布的概念 106

四、商业模式画布的9大模块 106

五、商业模式画布的绘制 113

第三节　战略解码 119

一、战略规划与落地执行 119

二、战略解码的含义 120

三、战略解码的优势 122

四、战略解码的核心 124

第四章

动态治理

129

CHAPTER 4

第一节　目标分解　132
一、进行目标分解时要遵循的要求　133
二、目标分解的主要形式　135

第二节　绩效赋能　138
一、管理机制　140
二、管理作用　140
三、激励机制　142
四、实施原则　142
五、存在缺陷的绩效赋能方式　144
六、绩效赋能的八大误区　148

第三节　动力机制　156
一、合伙人身份定义及进退标准　156
二、合伙人身份考评　163
三、合伙人激励机制设计　166

第五章

合伙增长

173

CHAPTER 5

第一节　合伙的顶层架构　176
一、治理结构与平台设计　176
二、公司治理结构要解决涉及公司成败的3个基本问题　178
三、公司治理结构设计的原则　180
四、有限合伙企业的作用　182
五、有限合伙企业的应用场景　189
六、如何设立一家合伙企业　190

第二节　融合裂变　194
一、万科的事业合伙人制度　195
二、韩都衣舍小组制合伙人裂变模式　202
三、德佑单元合伙人制度　205
四、碧桂园事业合伙人制度　207
五、复星国际合伙人制度　209
六、高盛合伙制发展历程　211

第六章

落地绩效合伙人系统的注意事项

215

第一节 "一把手"工程 217

一、"一把手"的学习计划表没有把动态治理列为"必修课" 218

二、"一把手"对动态治理工作的关注度不够 219

三、狭义理解成功 220

第二节 建立培训体系 221

一、企业需要建立培训体系 221

二、团队一定是带出来的 222

第三节 导入智囊团 223

一、导入智囊团的必要性 223

二、真实咨询案例 227

第一章
内忧外患

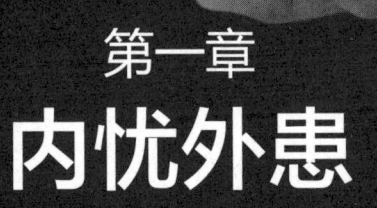

中小民营企业
面临的困局

CHAPTER 1

第一节
中小民营企业内外部环境分析

一、中小企业的划分标准

我国市场经济中最活跃的微观主体就是中小企业,它们不仅推动了国民经济的有力发展,还成为促进社会稳定的基础力量。中小企业,广义来说包括了中型企业、小型企业和微型企业这3种企业类型。企业类型的划分有一个具体的标准,是根据企业从业人员、营业收入、资产总额等各项指标,同时结合行业特点来制定的,当然不同行业的划分标准也不同。例如,农、林、牧、渔这些传统的行业,营业收入低于2亿元的为中小微型企业,也就是我们常说的中小企业。其中,营业收入高于500万元(包括500万元)的为中型企业,营业收入高于50万元(包括50万元)的为小型企业,营业收入低于50万元的则为微型企业。

餐饮行业的划分标准主要是根据从业人员的数量和营业收入来划分的,从业人员少于300人或营业收入低于1亿元的为中小微型企业。其中,从业人员多于100人(包括100人),且营业收入高于2000万元(包括2000万元)的为中型企业;从业人员多于10人(包括10人),且营业收入高于100万元(包括100万元)的为小型企业;从业人员少于10人或营业收入低于100万元的为微型企业。

在缓解就业压力、优化经济结构、推动产业技术升级和推进自主创新等方面,中小企业在国民经济的整体发展中起到的作用越来越重要。因此,在新商业时代,帮助中小企业健康、持续成长,已经成为相关政府部门、研究机构及管理咨询公司关注的焦点。

二、国家对中小企业的支持举措

近年来,我国政府为了支持中小企业发展,出台了一系列制度和举措,形成了"1+1+1+1+N"的法律政策体系。

前4个"1"分别指:

"一法",即《中华人民共和国中小企业促进法》,这是我国关于中小企业的第一部专门法律,也是我国促进中小企业发展工作的根本法律依据和指引。

"一条例",即《保障中小企业款项支付条例》,这是我国依法预防和化解拖欠中小企业款项问题的重要制度保证,是维护中小企业合法权益的关键条例。

"一标准",即《中小企业划型标准规定》,这是我国研究和实施中小企业政策的基础,有利于对中小企业进行分类管理及引导它们进行科学决策。

"一规划",即《"十四五"促进中小企业发展规划》,这是促进"十四五"时期中小企业高质量发展的工作指南和方法。

最后1个"N"是指我国近年来出台的各项综合性政策文件,包括中共中央办公厅、国务院办公厅印发的《关于促进中小企业健康发展的指导意见》,17部门共同印发的《关于健全支持中小企业发展制度的若干意见》,国务院促进中小企业发展工作领导小组办公室印发的《提升中小企业竞争力若干措施》等。我国政府为了围绕落实"1+1+1+1+N"的顶层制度体系,各部门、各地区也陆续出台了许多支持中小企业发展的相关政策。

自2020年以来,我国为应对国内外复杂的经济环境和疫情对经济发展的不利影响,出台了多项助企纾困政策。在综合性纾困方面出台的政策,包括国务院发布的《扎实稳住经济的一揽子政策措施》、国务院办公厅发布的《关于进一步加大对中小企业纾困帮扶力度的通知》及国务院促进中小企业发展工作领导小组办公室印发的《加力帮扶中小微企业纾困解难若干措施》等文件。这些政策的具体措施，包括中小企业的增值税所得税减免、房屋租金减免、延期还本付息、社保费公积金缓缴、水电气费缓缴、上网和宽带费用降低、稳岗返还和留工补助、稳投资促消费等，是前所未有的帮扶力度。据不完全统计，仅2020年国家层面就出台了33项关于中小企业的纾困政策，各省（自治区、直辖市）出台配套政策文件约120项。这些政策在帮助中小企业纾困解难方面发挥了重要作用，以减税降费为例，2020年上半年，中小企业享受新增减税降费及退税缓税缓费达到了约1.8万亿元。

三、中小企业实际面临的压力

与此同时，我们应该客观地观察到，尽管国家出台了一系列的政策支持，但各项基础都相对薄弱的中小企业实际上面临的经营压力，仍然不容乐观。

从不同的行业来看，除房地产行业中小企业发展指数接近100的分界线外，其他行业中小企业发展指数自2022年以来都低于90，这些行业都面临着较困难的经营环境。其中，交通运输行业和住宿餐饮行业的中小企业，经营环境最为困难，交通运输行业中小企业发展指数一直低于84，住宿餐饮行业中小企业发展指数一直低于82；工业中小企业发展指数，从1月的89.8，一路下滑到7月的88.5、8月的88.4。这个数据与国家统计局公布的规模以上工业企业中私企和外企工业利润自2022年以来同比持续下降，也是比较吻合的。

在外部政策大环境的扶持下，依旧有很多企业难掩颓势，找不到出路，甚至举步维艰，面临倒闭的风险。正所谓穷则变，变则通。企业的带头人此时此刻应该深入反思，以向内的角度寻找企业的根本问题，以向上的格局进行企业的战略规划，企业管理体系及运营模式的升级已然刻不容缓，只有率先改变、抢占先机，未来才更有机会在这个以创新升级为主旋律的新商业时代拔得头筹、再创辉煌！

第二节
中小民营企业管理现状分析

改革开放之初，中小民营企业大多是在计划经济与市场经济的制度缝隙中发展起来的。受当时的创业环境和制度因素的影响，企业成功与创业者的锐利目光、个人魅力、创业精神和特殊禀赋有关。但在制度转型过程中，市场给予的巨大机会，掩盖了中小民营企业在管理体系上的缺陷。

这时期多数中小民营企业采取以个人为中心、以亲情为主导的管理模式，创业者的个人魅力和感召力成为提升企业凝聚力的主要来源，并对保证高效率决策和提升企业初期凝聚力起到了决定性作用。因此，在初始阶段，中小民营企业管理活动中的决策非程序化、管理非制度化、执行非理性化和随机性构成了初创期中小企业管理的基点，而转型期的众多商机支撑企业迅速成长，其自身内部管理的不足在当时没有引起足够的重视。

随着商业社会各项规则的进一步完善与发展，在宏观经济环境和微观经济主体的内在条件发生深刻变化的情况下，中小民营企业面临的竞争对手日益强大和多样化，竞争变得更为激烈，仅仅依靠头脑灵活而获取大量市场机会的时代一去不复返了。相反，中小企业原有的管理痼疾日益暴露并成为制约其成长的桎梏。

总体来说，中小民营企业目前面临的内外部问题主要体现在以下三个方面：第一，囚——缺人才；第二，固——缺资金；第三，困——缺资源。

一、囚——缺人才

众所周知，企业之间的竞争本质是人才之间的竞争。请看下面的一个真实的案例。2016年3月，一家位于河北省的某建筑电气公司的营销经理前来深圳，参加幸福汇咨询主办的公开课程。这位营销经理在课堂上告诉我们的工作人员，他们公司的管理层这些年一直不肯提高销售人员的薪酬，一直以来都采取低底薪、高提成的薪酬政策。但所谓的"高提成"，也并没有使销售人员的实际收入达到同行业的平均水平。因此，他们公司这些年来根本招聘不到优秀的销售人才，招聘到的只是一些学历不高或是被其他企业淘汰下来的能力不达标的所谓"有经验"的销售人员。与此同时，因为收入比同行业的其他公司低，公司相对优秀的销售人员的离职率非常高。所以，公司这几年的销售状况一直停滞不前甚至出现下滑的情况。相比之下，同行业中愿意给予销售人员较高薪酬的企业，最后都比他们公司发展得好，至少销售增长的速度比他们公司要快得多。由于上述用人政策使企业难以为继，现在公司管理层决定调高销售人员的薪酬，但对具体怎么调整却心里没谱，于是，就派这位营销经理千里迢迢到深圳来学习了。

幸福汇咨询通过10年来落地辅导中小民营企业成长获得的实际经验告诉我们，企业要想长期吸引并留住核心人才需要关注以下三点内容。

（一）及时满足物质需求

有一家位于南京的制造型民营企业，从经营业绩上来看正处在超速发展的阶段，未来的前景非常好。但是该企业当前面临的核心问题是，中高层管理人才储备严重不足，为此企业想从同行业的跨国公司挖人。从跨国公司挖人，最大的一个问题就是要付的薪酬会比较高。为了企业的长期发展，该企业管理层还是决定咬紧牙关，开出了大约是候选人才过去在跨国公司服务年薪的1.2~1.5倍的薪资待遇。管理层的想法是：只有高薪才能吸引人才——"舍不得孩子套不住狼"；只有高薪才有希望培养出人才的忠诚度——既然付出了高薪，人才应该就不至于待一阵子又跑了。因为愿意付出高薪，该企业2018年招聘人才的效果十分理想，半年时间就精挑细选出了十几名能力素质看起来十分不错、有在知名跨国公司工作经历的中高管理层人员。一时间企业兵强马壮，生机勃勃。由此可见，只要钱到位，是可以在短期内解决人才短缺的问题的。

（二）精神需求得到适当满足

与此同时，另一个问题又出现了：是不是待遇上去了，人才被吸引来了，企业从此就可以安枕无忧、坐享其成了呢？无法反驳的是，高薪挖人会导致企业的用人成本大幅攀升。人才被吸引来了，企业将要面临的问题就是：如何保证这些高薪聘请的人才能够为企业创造实际的市场价值？因为只有为企业创造了更高的利润才能消化这部分居高不下的人力成本。

当企业将吸引人才的法宝全部压在物质激励上，那么这件利器便成了一把"双刃剑"，随时都有伤到自己的可能性，若操作不好，将显示出它具有危害性的一面。

在阿里巴巴发展到一定阶段时，马云决定把全球顶尖的人才都挖来公司，对其许诺高薪。但是时运不济，那个时候刚好赶上了互联网泡沫，企业许诺的物质条件难以兑现，结果最后一拍两散，人才走了个精光。

在某种情况下，物质待遇并不是吸引并留住核心人才的唯一因素。谷歌的创始人拉里·佩奇说他将美国宇航局和奥巴马政府视为最难缠的竞争对手。他说："谁跟我抢人，谁就是我的竞争对手。"拉里·佩奇从来不怕 Meta、苹果公司来抢自己公司的工程师，因为公司总有办法留住这些优秀的工程师。例如，可以通过更高的工作价值、更多的股权等来留人。但谷歌却无法打赢美国宇航局，因为谷歌认为美国宇航局的目标是放眼整个宇宙甚至更大的格局和使命，这对于部分有这方面追求的优秀工程师来说是无法拒绝的工作价值。尽管美国宇航局的工资只有谷歌的1/5，但其依旧能够吸引谷歌的顶尖人才去那里工作。

上述案例揭示了一种更深层次的启示，越是顶尖的人才越是关注自我实现这方面的精神需求。除此之外，吸引人才的核心要素还有哪些呢？

（三）满足机会需求

一个公司能够持续保持前进的内在动力在于源源不断的人才输入与培养。幸福汇咨询在招聘时，公司的HR会特地准备一份表格，要求每位参与面试的人在上面写下自己的工作意愿和关注重点，后来我们发现，90%的面试者都在第一顺位选择了薪资水平，这是在情理之中的。与此同时，所有的面试者不约而同地在第二顺位选择了发展机会，包括完善的职位晋升体系和明确的岗位绩效标准要求，以及未来自我能力成长和发展的可能性。由此可见，真正的人才需求是动态的、全面的，是需要企业持续思考并建立一整套与之匹配的完善体系的。

二、固——缺资金

商场如战场，竞争何其激烈。对于一家企业而言，遭遇各式各样的难题是常态，其中，缺乏资金的现象更是屡见不鲜，如果不能及时地解决资金短缺的问题，那么就很容易给企业的发展带来灭顶之灾。

在"互联网+"时代，中小企业面临的最大困境是转型期的资金短缺，90%以上的企业都是由于现金流断裂而倒闭的。究其根本，原因在于两点：外部环境的客观因素影响和内部管理的主观因素影响。

客观因素如周转金不足影响业务发展、上下游企业拖欠货款、民营企业备用资本金少、负债杠杆高难以融资等。大多数企业在这个时候都以"开源节流"的方式来解决问题，如以各种私人资产抵押贷款、吸引新股东增资扩股、削减成本、缩减生产规模等。看事物不能只从表面分析，主观因素对融资的影响往往是更深刻的。

企业总是抱怨竞争激烈，产品高度同质化。其实同质化只是表象，缺乏核心竞争力才是根本。

企业面临的产品同质化挑战愈加猛烈，差异化变成真正的稀缺，因此存在同类产品竞争的企业就更应该思考自身的核心竞争力究竟是什么。

首先，我们需要明白企业的核心竞争力是超越产品和市场的一种组织能力，当一个企业可以用它的核心竞争力去协调它的技术、知识和各种资源时，这个企业就能够生产出具有差异化特色的核心产品，这类产品可以撑起属于自己的一片天地。具体来说，可以从以下7个方面进行定位：

（1）企业文化。如果说企业核心技术的领先可以造就企业辉煌5年，那么企业文化的深度将决定这个企业未来10年的走向。

（2）核心技术。核心技术才是企业的最强生产力。

（3）人力资源。在知识经济时代，源源不断的人才决定了企业前进的速度。

（4）管理能力。统筹全局既是每个企业家最应该修炼的技能，也是企业发展的关键要素之一。

（5）创新动力。企业只有与时俱进，一刻不停地创新，才能更有效地管理和持续发展。

（6）营销网络。再好的产品，不能进入消费者的视线就无法实现其价值，酒香也怕巷子深。

（7）品牌形象。良好的形象有助于持续为客户提供更好的服务。

虽然结论清晰，但大部分企业还是很难找到能够有效落地的措施来应对，而关于企业文化的设定、管理模式的确立等，这些作为企业运营的底层逻辑，从一开始就需要打好地基。

三、困——缺资源

总结来说，有3个认知上的误区导致了企业家在融合资源时捉襟见肘。

（一）不是没有资源，而是看不到资源

作为全球顶级管理咨询公司的麦肯锡，经常会发表一些文章，并给合作企业定期赠送相关书刊，从而提升自身影响力，同时其项目经理等高层总会出席各种酒会，或者出现在潜在客户的生活场景中（如常去的酒吧），广泛地交朋友是增加自己资源的好方法。企业家自身拥有的资源毕竟有限，但是如果能将身边同仁的资源融合就能各取所需，达到1+1＞2的效果。因此我们把这个思路拓展一下，如果一个项目能够使两个企业达到共赢，那谁又会拒绝你交朋友的请求呢？

（二）不是所有的资源都是好资源

事实上，很多企业项目失败的原因不是项目本身不够好，而是寻找的合伙人不合适。简单来说，一个理想的合伙人首先要与你在价值观上达成一致，要有共同的愿景，做事有原则、有底线，如果能在性格上与你互补那就更好了，要是在年龄上有一定的差异也是非常棒的，因为这样就会有一些不一样的看法和观点，对一个动态中发展的企业是大有裨益的。

（三）资源来了却不懂得运筹帷幄

资源是一种变相的财富，而财富的积累靠的就是原有财富的合理运转。事实上，我们要清楚地认识到拥有资源和用好资源是两码事，一个是条件，一个是能力。例如，有的人天生有过人的天分，但是如果不能充分发挥其作用，最终也是一场空。不能用好资源的常见原因是拥有资源的人不能很好地适应新的环境及未

能合理地变通。

我曾经碰见过一个学员，起初他做的是偏资源融合方面的事业，因为平时经常替人协调关系，所以自己最后拥有了很好的人脉资源。可是后来他改行做了实业，业务内容发生了一个大的改变。过去融合资源靠的是人脉资源，而制造产品需要的是组织团队、研究需求、脚踏实地关注每个细节。从转型开始，他的生意每况愈下、越发艰难。可以发现这里面有两个转变，一个是能力需求的转变，一个是现在需求和过去资源之间无关联的转变。从某种意义上说，他的过往经历已经不能再成为助力了。这就好比同样是顶尖射手，奥运冠军和部队的狙击手之间是存在差距的，前者有固定的规则、固定的姿势；而狙击手的实战更考验适应能力，或是趴在坑洞里长时间埋伏，或是攀爬到树上进行伪装。所以若两者之间进行角色互换，如果不能适应新的能力要求，最终也只能无功而返。

第三节
中小民营企业摆脱困境的思路

一、解决人才紧缺问题

曾经有很多的企业人力资源负责人找我咨询关于人才培养的问题，问得最多的是如何对人才进行培训。"为什么我们每做一次培训，会有短时间的改善，但过一阵子又回到了老样子呢？公司是中小企业，花了没产生价值的钱会心疼；员工还一个个抱怨浪费了他们的时间，没学到多少实用的干货，听到的都是一些空话理论。最后企业家觉得我没做好，下面的员工又怨声载道，搞得我两头都不讨好，不做又不行，有时候真的很无奈。"

众所周知，培训是一家企业给员工的最大福利。优秀的人才是高度关注企业是否能够给予自己持续成长的机会的。一套完善的培养体系需要长时间的积淀，需要多方合作才能最终达到目的，如阿里巴巴的"2×3培训管控法"，管理者和培训负责人的关注贯穿始终，两者各司其职、互相配合才能进行一次完整的培训，而且这种培训是往复的、循环的。在日常工作中，阿里巴巴又会一直坚持进行员工现场工作辅导，我们称为口传心授，言传身教；再加上老师出身的马云在阿里巴巴一直推行师徒制，这是各方面手段多管齐下而最终在阿里巴巴形成的完整人才培养体系。

完善的人才培养体系能够最终形成，本质上来说其实来自企业的使命感，是需要自上而下、潜移默化进行改变的，很多企业家往往会有无从下手之感。根据我多年的实操经验，一开始从制度上入手，让员工的个人利益先与企业利益达成一致，大家站在一条船上，形成休戚与共的利益共同体，有利于从内心建立起真正的主人翁意识，使员工摆脱打工心态。

那么把握这个切入点——在下一章节中我们将给读者提供一个科学的系统，其中所使用的绩效管理方式能够在短时间内激发员工工作热情、为其赋能，并且这套系统强调顶层设计，以一个可落地、有深度、非空话的企业文化作为指引，直指核心人才的最高需求，高屋建瓴、事半功倍。

二、解决资金短缺问题

在前文中，我们提到导致资金短缺的原因，知晓缺乏核心竞争力是具有根本性影响的主观因素，其应对措施将从5个维度展开。

（一）明确企业目标

在制定企业的经营目标时，我们不仅要考虑赚多少钱，更要考虑系统的配套性。在拟定经营战略时一定要遵从"自上而下，再自下而上"的原则，才能制定出更适合企业发展且能实现的目标。

（二）加强自主创新能力

企业需要努力培育创新文化，尽快完善把企业作为主体的技术创新体制，并实现增强科技的基础建设，加强现代化社会的科技创新能力。

（三）积极打造人力资本

人力资本打造的过程是需要机制保障的，为此可以组织建立"员工职业规划管理制度"：组织员工进行素质能力测评，让员工有清晰的自我认知，做好职业规划；建立符合企业核心业务需要的"员工职业规划通道"，根据企业对各类专业人才的需求，来制定相应的员工职业发展规划，主动进行内部安排（内部安置）；为人才发展提供短期项目，运用拦截策略防范"挖墙脚"，根据员工本身能力与贡献值衡量员工待遇。

（四）建立科学分配体系，实现共赢发展

中国的消费市场到现在为止总共有两次"觉醒时代"，一次是始于20世纪80年代末90年代初的"从无到有"，一次是如今的"从有到优"。为什么企业家总觉得现在的生意不好做了，就是因为很多企业没有跟上时代的步伐，没有真正考虑在"从有到优"的新型消费环境下，该如何由内而外地改变企业的管理模式和经营战略。

改革开放以来的40多年里，人们的贫富差距被迅速拉开，很多人靠着大胆干、肯吃苦拿到了属于他们的财富红利，但这类成功更多地归结于3个方面：政策红利、市场红利、人口红利。新中国成立后，人们响应政府的号召，人口由5亿迅速增加至10多亿，有人的地方就会有消费需求，很多产品抢先在消费者的心中塑造了品牌形象，再配合大量流动的劳动力，从供需两端双管齐下，形成经济

迅速发展的大势，而这时抢占市场、敢为人先的创业者真可谓是时也、命也，适时地抓住了机遇，从而实现了财富自由。

在如今这样一个越发稳定的经济环境下，经营业绩的好坏考验的是企业对内管理的领先度、对外盈利模式的先进性，在野蛮生长时代出来的很多"草莽英雄"并不具备这样的能力。但也并不是说这种企业就无以为继了，就像刘邦一样，他出身草莽，成功的原因就在于他把专业的事交给了专业的人去做。一个上位者要做的是驭人有术，也就是懂得使用人才，要有真正的格局。

一个有格局的企业家要明白如何智慧地分钱，正所谓"财聚人散，财散人聚"，将利益独占永远不会有好的发展，这是人性使然。同时，企业家光有分钱的格局是不够的，分钱是一门学问，如何分得让每个人舒服，让每个人都觉得公平，才是成功的核心关键。这也是在后文中我要重点阐述的问题。

（五）时机与机遇

要善于把机会转变成机遇，虽说目前很多产业趋近稳定，但也并不是没有切入点了，只是这些机会变得越来越深藏在内部，不易被察觉。例如，随着部分消费场景、消费基础设施的变化，消费者的消费意愿需要新动能，而把握住这一趋势变化的企业家最终都赚得盆满钵满。例如，在零食品类市场，三只松鼠、良品铺子仅用六七年时间，营收就接近一百亿元；同时还有两千亿元市值的海底捞，几百亿元市值的颐海国际，两万家店的正新鸡排，两万家店的华莱士，一万家店的绝味食品等。正所谓"读书百遍，其意自见"，当你掌握了整个事情的发展逻辑和内在结构，你想要的机会自然而然地会出现在眼前，打造出自己的商业模式（定位、盈利点、关键资源和能力、业务系统、自由现金流结构），从而把握实现财富自由的机遇点。

三、解决资源匮乏问题

在前文中我们提到了3种资源匮乏的原因,分别是不能发现资源、不懂判别资源及不会掌握资源。在新商业时代,一个人的力量是有限的,那么很多老板都会选择找合伙人作为一种扩展资源的有效渠道,这是今天最行之有效的资源融合工具,但是在合伙具体落地实施时总是会碰到各种意想不到的情况。要解决这个问题,思路很简单,就是找到一个能够涵盖各种规则变化,并进行及时的理解串联的科学系统。

综上所述,面对以上中小民营企业目前面临的三大痛点,在下一章中,我们将提出一个能够做到"大一统"的系统工具,从制度体系的角度在根本上完成对融人才、融资金、融资源三大难题的完美解答。作为一种新脚本,它(见图1-1)将打开各位的眼界,提供一个解决内外困局的全新思路。

图1-1 绩效合伙人系统模型

第二章
初见端倪

何为"绩效合伙人系统"

CHAPTER 2

第二章
初见端倪 何为"绩效合伙人系统"

第一节
合伙人的时代背景

新商业时代已然到来，它裹挟着摧枯拉朽之势，将一切不合时宜的企业经营管理模式毫不留情地撕得粉碎。合伙人作为一种全新的企业顶层设计工具，对内实现了组织治理的全新升级、对外完成了融合资源的创新突破。正所谓生产力的发展决定了生产关系的变化。万物互联、人工智能快速发展的新商业时代呼唤全新的生产关系来与之匹配，快速变化的时代需要重新构建人与人、人与资源、人与资产之间的社会关系。一个新的产物应运而生，这就是合伙人！

几百年前，当人类使用马车作为运载和出行工具时，我们可以理解相配套的生产力有驯养、伐木、造车等活动，这些能够创造价值的都是生产力。马车作为当时单一的交通工具，马场的大量兴建就显得非常有必要了。与此同时，由于需要制作马车相关设备，人们就会占领林地、砍伐树木，从而形成一整套人与人、人与资源、人与资产的规则与体系，这就是当时的社会生产关系。

那如何解释"生产力的发展决定了生产关系的变化"这句话呢？

时间回到更早，假设起初我们将牛作为代步工具，于是一大批牛圈便出现了，相应地人们开始进行大规模的可骑乘的牛的养殖。直到有一天，有个养牛人外出打猎时发现了马的存在，他立刻意识到马的奔跑速度更快，骑乘更加舒适，驯养成本更低，于是乎，他决定拆掉自家牛圈改养马匹。刚开始时，建起马场的效益一定不会好，因为人们不了解将马作为代步工具的优越性，且部分养牛人警觉后，可能会故意破坏马场，但最终马一定会被人们认可，因为它的生产力效率放在那里，有目共睹。这就是时代的浪潮，冥顽不化的养牛人最终会被无情淘汰。

雷军在访问中谈到他曾经和几位行业同仁聊天，分析他们与马云之间的差距到底在哪里。起初他们认为是努力程度大小的问题，可后来发现，自己已经奔着"24×7"小时的工作节奏狂奔，最终的事业高度还是赶不上阿里巴巴，他们意识到了不是自己努力不够，而是方向不对，努力白费。

所以判断时代发展的趋势才是每个站在时代前沿的创业者最大的任务。

历史延续至今，商业社会生产关系的变化一共经历过3个阶段，且全部由政治法律、社会环境、组织竞争、人才技术各项关键要素共同造就，它们分别是雇佣时代、交易时代和合伙时代。

一、雇佣时代

在工业化时代，特别是资本主义萌芽初期，由于人口红利的大量存在，整个社会的劳动力资源明显供大于求，所以企业雇主只需要付出一点点代价，便可以轻而易举地获得取之不尽、用之不竭的劳动力资源。劳资双方的地位是明显不平等的，资本方拥有绝对的话语权，可以对劳动力资源进行随心所欲的分配。价值分配的天平也自然完全倾向于资本方，劳资双方经常会因为利益的冲突而走到对立面。

二、交易时代

随着社会生产力的高速发展，决定生产价值的关键要素从单一的资本为王开始变得多元化，特别是人力资源的重要性与日俱增。过去那种资本方独断专行、唯我独尊的情形显然已经不适合时代的需求了。企业要想实现生产价值最大化，劳资双方就必须进行协商合作，争取各自的利益都能够得到必要的满足。于是职业经理人体系便产生了，优秀的人力资源代表方已经不满足过去简单地获取工资、奖金、提成，他们还通过自身创造更大价值的能力来进一步获得企业的年终利润分红，乃至股权激励等更高层级的回报成果。

三、合伙时代

知识经济时代的到来推动了社会生产关系的进一步变化。人力资源也同样完成了本质上的升级，进化到人力资本的层面。由于应对市场多元化、技术要求深层化、竞争跨界平台化，企业对人才的需求和储备愈加急迫，不断加大人力成本投入，劳资双方的关系越来越复杂，企业核心的所有权和经营权之间发生了微妙的变化。

时过境迁，过去单纯靠加大物质回报来推动人力资源实现价值最大化的方法也属于明日黄花、刻舟求剑了。从根本上唤醒人力资源的主人翁意识，真正激励人才进行自驱式的奋斗才是今天这个时代解决一切劳资问题的核心思路，而通过合伙关系来彼此赋能就成为当仁不让的首选方法。

从来没有企业的时代，只有时代的企业。唯有与时俱进、顺势而为才是企业基业长青的制胜之道。

最后可以用一些典型案例作为佐证，从而让大家深切地意识到，传统的雇佣关系正在迅速被合伙关系所取代：

（1）永辉超市通过增量虚拟合伙模式，调动了基层员工的积极性，位列国内大型超市前三名。

（2）爱尔眼科通过城市合伙模式，把眼科医生变成合伙人，成为全球眼科行业第一名。

（3）温氏股份通过生态链合伙模式，把农户变成合伙人，成为创业板第一股。

（4）海尔的内部裂变式创业及韩都衣舍的买手团队模式引领了时代潮流。

无可辩驳的事实告诉我们，合伙人的时代已经到来，企业在内外部推行合伙人制度已经成为毋庸置疑的第一选项。

第二节
绩效合伙人系统

一、绩效合伙人系统中的"合伙人"

正如前文所讲，当下的商业环境已经发生巨大变化，企业要想在新商业时代立足，就必须顺应时势，对内对外推行合伙人制度迫在眉睫。

什么是合伙人？有的人认为是对内给优秀的人才股份，有的人认为是对外寻找合作伙伴，大家一起创业，一起分钱，总之说法不一。

合伙人是符合这个新商业时代的一种企业内外部全新的生产关系（从经济学的角度来说，生产关系是企业推行的一种组织治理结构。所谓治理结构，是管理学上的专业术语，意思是科学设计企业权力机关的设置、运行及权力机关之间的法权关系）。为什么时至今日，"合伙人"如此的热门？因为现在无论我们的国家还是企业，都到了治理结构升级的阶段。

合伙人是企业治理结构当中的一个法定概念，其性质类似董事、监事这类职位，其目的是进一步完善企业管理层的责、权、利制衡体系。绩效合伙人系统中的合伙人既可以是自然人，也可以是法人组织，同样也可以是法律允许范围内的非法人组织和社会团体。

10年前我原创了这一套绩效合伙人系统，经过在落地过程中的不断完善，到今天为止，我把企业实际使用的合伙人身份名称分成了两种类型，第一种是"事业合伙人"，第二种是"财富合伙人"。

事业合伙人是指企业组织内部优秀的核心人才被予以合伙人身份。

财富合伙人是指企业外部的利益相关者，包括上游供应商、下游经销商及渠道商、优质客户、投资人，甚至同行竞争队友等。

无论内部的事业合伙人还是外部的财富合伙人，我都给他们贴了一个统一的标签，如果问我，这套系统中的合伙人的定义是什么？我现在就告诉你，合伙人就是"持续创造价值的奋斗者"！

二、绩效合伙人系统中的"绩效"

绩效合伙人系统中最核心的一个词就是"绩效"，它意味着动态，意味着变化。我在全国各地授课及做企业咨询辅导时，经常听到有人说马上就想学习如何快速在企业内外部导入合伙人制度，他们的目的也很明确，对内留住现有的人才，防止他们跳槽，同时能够吸引一批更优秀的人才进入企业；对外大力整合资源，让企业的投资资金、产品供应、销售渠道实现价值最大化。总之，他们所理解的合伙人就是大家一起赚钱，一起分钱。

凭借我10年的合伙人咨询实战落地经验，我会当场告诉这些同学，他们理解的合伙人太狭隘了，这样简单粗暴地推广下去，最终成功的可能性不大，甚至会适得其反，不仅没有得到想要的效果，反而有可能会被反噬，让企业内外经营环境愈加交困。所以我经常讲一句话，幸福汇咨询只专注做绩效合伙人系统，这套原创系统的核心理念就是一句话——"无绩效,不合伙!"

什么叫"无绩效,不合伙"?指的是企业在没有建立一整套科学的价值评价体系之前,不要盲目地进行任何大规模的激励动作,因为激励对象是需要统一的价值贡献评价作为凭据的,"不患寡而患不均"是国人对公平的追求,谁都不愿意接受不公平的对待,默默付出最终却一无所获,这对任何人来说都是难以接受的。

例如,有人会表现,嘴很甜,会来事,管理者最后给他分的薪酬就多;那些默默无闻的人、沙僧型的人、雷锋型的人的付出却被视而不见。这就是不公平。所以华为的任正非提出企业的分配逻辑中很重要的一点就是"绝不让雷锋吃亏"。

于是大家就能理解了,企业必须事先建立起一整套科学的绩效评价体系,从此对人的价值评价不再靠个人的主观判断,不再仅凭老板个人拍脑袋的方式决定人才薪酬的多与少,而开始依靠科学的制度和规则来决定,这就能杜绝很多不公平的现象发生。

所以这套系统中的绩效对于内部的事业合伙人来说是绩效评价体系,对于外部的财富合伙人来说是贡献值评价体系。只有他们达到了企业提前制定的绩效或贡献值标准,他们才有资格和企业进行合伙,分享企业创造的各项增量价值。

三、绩效合伙人系统中的"系统"

中小民营企业经过早期的野蛮生长,到今天已经不能再依靠"摸着石头过河"的思想来指导未来的成长发展了。过去依靠企业家个人能力奋斗就能成功的时代一去不复返了,今天只有依靠全体奋斗者的共同创造,企业才能持续成长、基业长青。谈到系统，它的运行不是靠个人的能力，而是依靠一套能够自动自发、自动运行的体系。然而现在很多企业还是靠企业家个人的能力生存，那就导致他人会产生一种想法——不靠谱。也许短期内企业可以通过企业家个人的聪明智慧，在一段时间内保证经营业绩相对稳定，但是从长期来看，企业家的主观判断会出现准确性、波动性大的问题，这种不确定性的最终体现就是"不靠谱"。

从概念上来说，系统是指某一个解决方案拥有一定的结构。因为一个系统是其构成要素的集合，这些要素之间形成相对稳定的联系方式、组织秩序，彼此匹配、相互制约。

因此我们说绩效合伙人系统是由3个板块组成的，包括顶层设计板块、动态治理板块、合伙增长板块，这3个板块相互关联、彼此赋能。

通过以上说明，相信大家已经在脑海中对绩效合伙人系统有了一个大致的认知雏形，接下来我会详细展开讲解，这样大家再来看绩效合伙人系统模型的时候，就能更加清晰地理解其内在运作的原理了。

四、绩效合伙人系统的核心思想

（一）不求所有，但为所用

马云在从国外的成功案例中找到未来前进的曙光后，他在一没技术、二不懂专业的背景下，充分发挥自己懂人性、懂用人的独特优势，将梦想植入每个员工的心中，吸引投资，借大家之势，如身使臂，如臂使指，最终实现了大家的共同成功。这就是不为我所有，但为我所用的体现。

真正高明的人，懂得利用别人的社会资源和资金实力，做成自己想做的事。

如何让全国手里有产品、有技术、有智慧、有流量、有资源、有资金的人为你所用呢？我将在讲解绩效合伙人系统3大板块时，详细描述如何落地执行，吸引拥有各种资源的合伙人成为我们的事业合伙人或财富合伙人。

（二）"先恋爱，再同居，后结婚"

合伙人和过去的股东合作有着本质上的区别。我们要懂得时间的价值，要逐步深入，一点点加深彼此之间的关系。用我的话来讲，就叫作"先恋爱，再同居，后结婚"。

简单地说，先恋爱就是先通过项目合伙，测试一下彼此的价值观是否相近，合作中最难确定的就是这一点。当通过项目合伙的价值观考验后，就可以开始考虑是否要"同居"了。这里的"同居"指的是可以进一步加强亲密关系，一般都是使用"虚拟合伙"的方式。你可以先成立一个有限合伙企业，然后用这个有限合伙企业来100%投资成立一家有限责任公司。你来担任有限合伙企业的普通合伙人（General Partner，GP）及执行事务合伙人，授予合作伙伴"期权合伙份额"，在对方贡献值达标后可以成为有限合伙人（Limited Partner, LP），通过在有限合伙企业顶层进行动态的合伙份额比例调整，真正实现对合伙人的动态治理。这时候，如果觉得合伙人值得长期合作，就可以考虑"领证结婚"了，也就是可以将大家捆绑在一个有限责任公司里进行合作了。以上所有的操作流程都有一套行之有效、相辅相成的规则设计。

在第一阶段的"恋爱"关系中，项目合伙这个阶段是不能省略的，如果省略了这个阶段，那么未来就有可能造成严重的后果。

经常有人问我："郑老师，我想成立一个新公司，我们有5个合伙伙伴，请问怎么分配股份比例才是合理的？"这个问题本身就存在问题，这个问题其实是没有合理的答案的。很多股东之间合作的股份比例基本都是靠"拍脑袋"想出来

第二章 初见端倪 何为"绩效合伙人系统"

的,而且一定是不合理的,因为一开始的思维方式就是错的。其中最不合理的方式就是按照各自的出资比例来分配股份,因为出资多的人不一定会对企业的长期发展产生最大的价值。

按出资多少简单分配股份比例导致企业爆雷的现象不胜枚举,因为很容易出现大股东出了钱以后,不把精力放在企业经营上,也就是"出钱不出力",开始"躺赚、躺赢",长此以往,那些辛辛苦苦干活、创造很大价值的小股东,也就是"出小钱而出大力"的人自然很不平衡。

绩效合伙人系统就有效地解决了以上问题,作为一套非常先进的系统,它建立起来的完全是一个契约型组织,合伙企业和公司最大的区别就在这里。不管是有限责任公司还是股份有限公司,都属于资合型组织,核心就是以资金、资本作为主导意志,谁出的资金多,谁就有绝对的话事权,说话就算数,这一点是受法律保护的。合伙企业是典型的人合型组织,核心是以人力资本的意志为主。在工业化时代,资合型的方式非常适合,因为资金是决定这件事能否最终做成的最关键的资源。但今天是一个万物互联、人工智能的新商业时代,人力资本俨然已成为主导成败的最关键因素,人合型组织理所当然地成为企业最优选的方式。在资合型组织中,如果一个创始股东不再努力,不再为企业创造价值,甚至故意对企业经营活动进行破坏,仍不能有行之有效的方式让他中途退出,不能投票进行罢免,这种组织形式属实已经不太适合今天这个大环境了。

所以创业者急需导入绩效合伙人系统来迎合以人合型组织为主的新商业时代。在这里大家一定要注意,合伙企业作为契约型组织,最重要的一件事是要有非常专业的合伙人合伙协议,这个合伙协议要得到全体合伙人一致同意并签名,未来合伙事务的治理要完全按照这个协议来执行,其重要性及发挥的决定性作用等同公司股东之间一致认可的公司章程。

什么叫决定性作用呢?传统的有限责任公司,在出现任何纠纷时,最重要的处理依据就是公司章程。合伙企业是没有这个章程的，其内部治理的关键凭据就是全体合伙人一致签字确认的内部合伙协议。我通过10年的落地实操，总结出了有效的内部合伙协议必不可少的10大规则设计，分别是选拔规则、参与规则、出资规则、干活规则、决策规则、考评规则、激励规则、罢免规则、退出规则及散伙规则，详细内容将在后文进一步进行描述。

第二阶段的"同居"期间具体要关注什么呢？

先成立一个有限合伙企业，然后100%地控制一家主体有限责任公司，项目发起人来做有限合伙企业的普通合伙人，接下来授予其他合作伙伴一个期权合伙份额，贡献值达标了就可以行权成为有限合伙企业的有限合伙人。和这些合作伙伴提前约定一个固定时间或明确贡献结果，我把这种行为称为明确里程碑，即约定是否以时间为里程碑，或以结果为里程碑。若以时间为里程碑，那么约定好的时间一到，所有的合伙人就重新根据各自创造的贡献值占比再次分配彼此的合伙份额；以结果为里程碑，则是以项目研发、投产、市场测试、正式推广、投资回收等不同阶段作为里程碑的各个节点，到达一定的节点时，所有的合伙人再次根据各自的贡献值占比，将合伙份额进行一次动态的分配。

按照我设计的思路，今后任何生意合作，合伙人一开始都不以自然人的身份在主体公司里占有股份份额，而是先通过有限合伙企业共同间接持股，根据各自对企业的具体贡献值定期进行合伙份额重新分配。这里操作方便的地方就在于合伙企业治理的灵活性，合伙人之间合伙份额的动态调整是不需要像传统股东的股权变更那样死板的。股权比例是不能经常变来变去的，而且一旦出现调整，就要及时到市场监督部门去变更，否则未来可能会产生法律纠纷。合伙人之间的合伙份额调整相对简单，只要全体合伙人一致签名确认就可以了，法律认可这种变更。同时合伙份额的动态调整就相当于间接地在主体公司调整了股份比例。这就是契约型、人合型组织的特点，大家提前把

第二章
初见端倪 何为"绩效合伙人系统"

各自的责权利约定好，同意了就照此执行，若谁违反了约定，按照规则就可以随时罢免且按事先约定的条件退出。这样做的好处是一家企业要想实现基业长青，就要懂得在企业发展的不同历史阶段，把企业的控制权交给真正对它负责任、能决定它持续发展的合伙人。要实现这个目标，选择导入绩效合伙人系统是最好的选择。

最后一个阶段，也是我所谓的"结婚"时期，其实就是合伙人之间通过时间的验证，彼此认可对方的价值观和贡献值，就可以用各种方式正式在主体公司里面注册股东身份进行合作了，这方面比较好理解，在这里我就不赘述了。

（三）无裂变，不合伙

除了关注绩效合伙人系统强调的"绩效"，也要高度关注另外一个重点领域。那就是我们学习和导入这套系统的目的。目的有二：一是持续为企业创造增量利润，二是持续为企业裂变人才、资源和资金。只有达到了这两个目的，导入绩效合伙人系统才是事半功倍、水到渠成的。整个系统落地时会不断强调"裂变"这个目的。例如，在进行合伙平台的顶层设计时，我会强调不要上来就是传统的思维和做法，不要只在主体公司上面分配股份比例，而是要学会反其道而行，要学会向下搭建平台，从而才能不断地进行裂变，由一个公司的100%股份份额裂变出更多100%合伙份额的平台，越变越多。也就是说，成立一家主体公司后，接下来要由这家主体公司向下成立一个个控股子公司，每个子公司都由主体公司认缴投资控股70%的股份比例，20%的股份比例留给新成立的一家外部财富合伙人共同持股的合伙平台，10%的股份比例留给新成立的一家内部事业合伙人共同持股的合伙平台，在这里还要强调一点，那就是以上讲的股份比例仅仅是我设计的顶层股份比例结构，并不代表利益分配时也按照这个比例进行。在具体实操中，分配时有可能让持有70%股份的主体公司只拿到30%的利益，而持股30%的合伙人却有可能分配到70%的利益。你需要在开始设计的时候，就在合伙协议里注明，当公司发展到具体某一标准时，可以由主体公司100%回购下一级各个合伙平台的股份比例，约定好对价标准，所有合伙人必须无条件配合。这样你就可以做到游刃有余，进可攻退可守了。

最后温馨提示个别读者，有的人一定会产生这样的疑虑，那就是主体公司只拿30%的利益是不是会吃亏——大部分收益都给了合伙人，自己岂不是越分越少？其实这种思维是大错特错的。李嘉诚就是因为深谙此道，才成就一代巨商的事业的。他到处宣传，谁和他合作，他可以做到投资70%，而分钱只拿30%。于是天下英雄被他这一点所吸引，纷纷投奔他而来，这就叫"振臂一呼，应者云集"。

最后送给读者朋友一句话，人生，多就是少，少就是多！

五、绩效合伙人系统的落地逻辑

绩效合伙人系统作为一种先进的组织顶层设计体系，非常适合成长型的中小民营企业，第一它不限行业，因为它直指的是人性，而非产品；第二它不分企业的发展阶段，因为企业从成立到成熟的全生命阶段，都需要人才、资金和资源的持续导入，唯有持续更新，企业方能活力无限。

在具体落地时，我会针对咨询企业的行业特性、发展阶段，使用不一样的设计方式。不过万变不离其宗，所有的设计根本逻辑是统一的，最基本的框架思路是标准化和流程化的，即其落地的逻辑是十分清晰的。

总结来说，就是3大板块、9大核心，设计思路是围绕企业最关键的价值三要素展开的，分别是价值创造、价值评价、价值分配（见图2-1）。

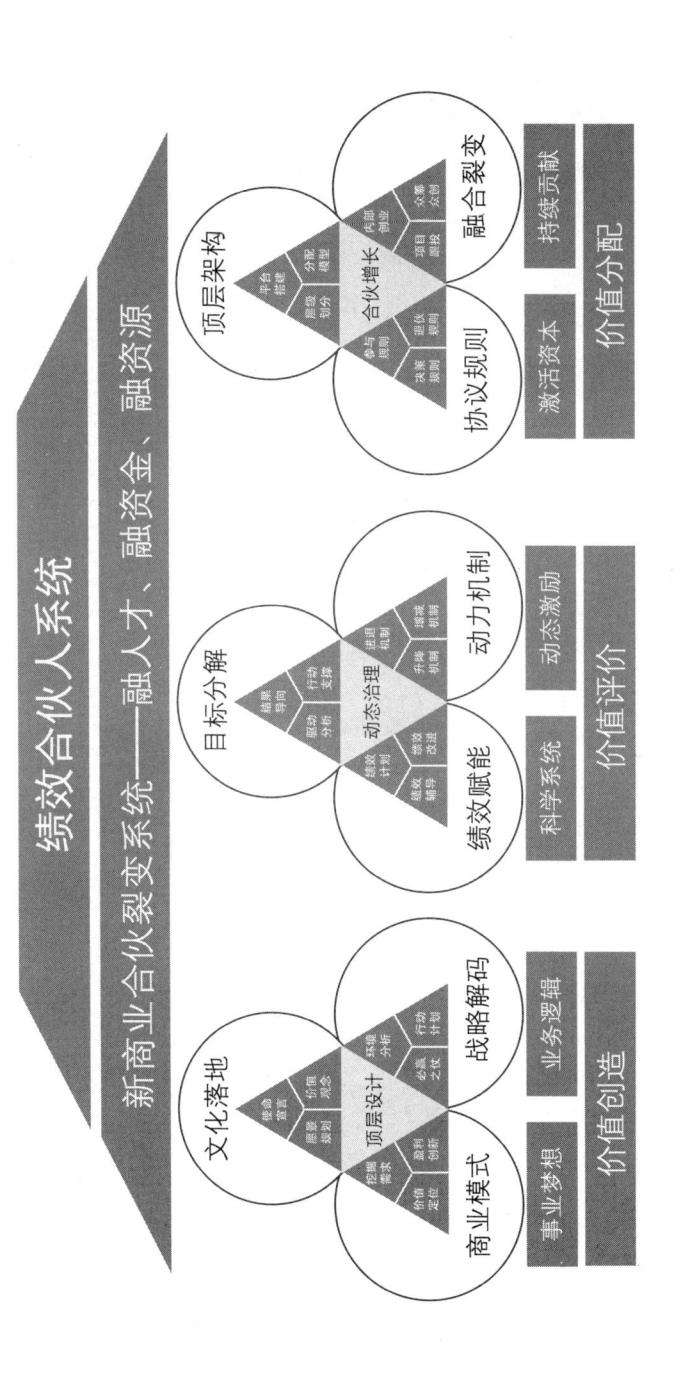

第二章
初见端倪　何为"绩效合伙人系统"

绩效合伙人系统

新商业合伙裂变系统——融人才、融资金、融资源

文化落地
- 使命宣言
- 价值观念
- 原景规划
- 挖掘需求
- 价值定位
- 盈利创新

顶层设计
- 环境分析
- 必破之坎
- 行动计划

战略解码
- 业务逻辑

商业模式 — **事业梦想** — **价值创造**

目标分解
- 结果导向
- 驱动分析
- 绩效计划
- 绩效辅导
- 绩效改进

动态治理
- 进退机制
- 升降机制
- 淘汰机制

动力机制
- 动态激励

绩效赋能 — **科学系统** — **价值评价**

顶层架构
- 平台搭建
- 层级划分
- 分配模型
- 参与规则
- 决策规则
- 进饺规则

合伙增长
- 传帮创业
- 项目跟投
- 众筹众创

融合裂变
- 持续贡献

协议规则 — **激活资本** — **价值分配**

图 2-1　绩效合伙人系统

绩效合伙人系统的第一个板块，就叫顶层设计，具体设计思路是解决企业价值创造的问题。里面有三大核心内容，分别是文化落地、商业模式、战略解码。

第二个板块，就叫动态治理，重点是解决企业价值评价的问题。里面有三大核心内容，分别是目标分解、绩效赋能、动力机制。

第三个板块，就叫合伙增长，目的是解决企业价值分配的问题。里面有三大核心内容，分别是顶层架构、协议规则、融合裂变。

以上就是整个绩效合伙人系统设计的底层逻辑，希望大家能通过这套体系持续地学习并实践落地到自己的企业当中去，最终形成属于自己企业专属的自动运行系统。华为之所以持续成长，赖以当初导入了一套体系，那就是《华为基本法》，今天大家也有机会创建属于你们自己的"基本法"了，这一行动对企业创始人至关重要，可以受益终身！

第三节
绩效合伙人系统的五大优势

一、解决身份问题

通过合伙人层级，让优秀的人力资本获得长期的激励，成为企业的合伙人，解决了身份问题。

在合伙人层级框架当中，针对企业现在内部所有的岗位进行预备合伙，之后再进行合伙人层级提升，一级、二级、三级、四级，一直到资深合伙人。不同的合伙人获得的物质回报、精神回报、激励回报不一样，入伙条件、考评条件也就不一样，且是定岗定编，名额有限，并一直处于动态的变化当中。升降进退增减都在这种动态里，打破了传统的利益固化，在一定程度上避免了人才丧失奋斗激情，是非常符合人性的。

所以如果企业家想撬动人力资本，发挥其最大价值，最好的方式就是实行绩效合伙，为其解决身份问题。

二、控制权统一

通过合伙架构的设计，控制权要统一，但分红权要倾斜给实际作出贡献的人。真正的企业家要的是"江山"，要的是长久的收益，而不是当下跟人分红。企业经营一定要产生品牌价值，而不是企业家的当下参与。

合伙形式最早是普通合伙，后来发现普通合伙的模式要进行创新，于是出现了有限合伙。

就像我经常举的哥伦布的例子，这个世界上有两种人，第一种人不差钱，他知道遥远的地方有财富，但是不知道怎么跨越千山万水之后找到财富；第二种人没有钱，买不起船，但他知道如何航海，他知道怎么到达目的地，并且到了目的地后还能找到财富，这两种人就促成了世界上最早的合伙形式的产生。

哥伦布就是第二种人，他背后有一群财主，这群财主是第一种人，他们经过协商，最终签订了一个合伙协议，将初始资金分成十份，每人认缴一份，造了一条船。签好协议后，哥伦布去探险。出钱人和哥伦布，请问谁是普通合伙人？因为哥伦布用生命来承担无限连带责任，他必定是普通合伙人。我举这个例子的目的是让你彻底明白什么叫普通合伙人，什么叫有限合伙人，但大家别忘了权责对等这件事，学过经济学的都知道，收益永远跟风险成正比。如果你想赚钱，那么你一定要承担对等的风险。所以谁也别羡慕谁，赚更多钱的人就承担了更大的风险。

三、让合伙人拥有"企业家状态"

通过顶层设计,让在一起共事的人找到事业梦想,将企业目标进行层层分解,全员为终极目标负责任,让员工具备"企业家状态"。

"我们要的是状态",这句话是复星国际董事长郭广昌说的,他说这个年代要呼唤出一种"企业家的状态"——"狼来了"也绝不撤。

四、能够科学分钱

如何让企业花的每一分钱都有理、有据、有结果?答案是动态治理。动态治理使用公正、公平、公开的尺子进行管理,从一级结果、二级驱动到三级行动,从企业战略解码梳理出必赢之仗及签署个人绩效合约(PPC)。合约里既包括KPI,又包括CPI。然后通过阶段性管控,即年度目标、季度总结、月度复盘、周激励、日总结,形成一套被称为绩效五环的工具,从而进行管理。

五、使人才持续奋斗

通过动态管理、增量分配,让人才能够持续地为企业贡献价值,让核心人才拥有相应的身份,享受应有的利益。例如,分红权倾斜,让人才拿到大部分利益,能激发其主人翁精神。同时还必须实行裂变,裂变出独立自主精英体,给其大部分利益,调动其积极性,最大限度地为企业创造价值。此外,适当的经济压力、工作压力也是使人才持续奋斗的重要驱动。

第四节
绩效合伙人系统的匹配性

一、合伙团队中的四类人

正所谓"无绩效，不合伙"，如果一个人不能创造价值，便不能与其合伙。尤其是那些在短时间内能给企业赚钱，但是不能长期持续给企业创造增量的，要合作而不是合伙。在我们的合伙人版图没有拼凑齐之前，不要盲目地做。我们经过10年的研究得出结论，最稳定的顶层架构要具备四类人，这四类人分别为帅才、相才、将才及兵才。在绩效合伙人系统中，我把他们分别称为价值的发现者、价值的落地者、价值的提升者、价值的变现者。

（1）价值的发现者。他的任务是发现企业利润的增长点。

（2）价值的落地者。企业家善于发现商业机会，他的身边需要有一个能够静下来把其想法付诸行动的人。

（3）价值的提升者。企业需要一个能够进行市场运作、品牌包装、策划、传播，甚至包括导入资金的人。

（4）价值的变现者。企业需要把所有的价值进行变现，就是所谓的樊哙式的人，他得攻城略地，去打地盘、占地盘。

所以企业家要意识到两点：一是先人后事，二是企业传承。先人后事指你要先搭合伙人框架，在合伙的顶层架构中这四类人是必不可少的，并且你首先要给自己定位——你属于哪类人。企业传承即企业如何顺利传承下去。企业家首先要学会成为一个"造钟人",而不要做"报时人"。这句话是什么意思呢?就是所有人都在问明天到底干什么、到底怎么发展、向哪里发展,谁也不知道答案,但企业家知道,于是他们一个个地过来问企业家这个问题、那个问题。但"造钟人"意味着下次再有人问企业家"明天到底做什么货呀?什么时间出货呀?我什么时候晋升啊?我什么时候涨工资啊?"企业家就告诉他四个字——抬头看表。换句话说,企业家要将企业管理形成体系,形成标准的操作流程(SOP)。

二、对于企业家的要求

要做绩效合伙人,首先要求企业家的格局要大,这里的格局不仅仅局限于"利他",而是要学会"利众生"。

企业管理经历过三个阶段,第一个阶段是极度利己阶段,每个人都想让自己的利益最大化,那时比拼的是谁的拳头硬、谁的筹码大,谁投入的资金最多,谁自然要求取得最大的利益。

第二个阶段是妥协阶段,大家在互争互抢的过程中,发现彼此都没有好果子吃,于是决定年终加钱,或者搞股权激励等。这时很多企业家反思:要有胸怀,就像稻盛和夫所说的要"利他"。但我们要从人性的角度出发,自私是人性的特征之一,是由DNA决定的,我们其实无法做到真正意义上的只利他不利己。所以我认为有句话很对,人要学会上半夜替别人想一想,下半夜替自己想一想,换句话说人不可能不为自己想,但是想的顺序可以发生调整。

第三个阶段是利他阶段。绩效合伙人系统在"利他"的基础上,将其推到一个新的高度,我们提出了一个新的观点就是"利众生",众生便理所当然地包含你自己。所以中国的企业从私利阶段到互利阶段,再到今天的共利阶段(即利众生),不仅要利合伙人,也要利企业家和创业团队自己。例如,阿米巴经营模式就是以"利他"为核心的,但是最后很多企业倒闭了,我们要明白,做企业并不

第二章
初见端倪 何为"绩效合伙人系统"

是搞慈善，所以利众生才是正确的。众生包含创始团队、精英团队，专业地说，还包含我们未来合伙企业的普通合伙人、有限合伙人、企业家及与企业家合作的合伙团队。

只有如此，我们的思维方向选对了，底层逻辑正确了，设计的制度才会适应度高。分配是必须的，但是要合理，既然创始人承担着最大的风险和责任，那就理所当然的该有所得，利益若是只归他人拥有，那就如打家劫舍分田地一般没有道理了。

这里为了大家能够更好地理解，我们拿一个橘子来举例。现在企业家和员工都想吃下这个橘子。在极度利己阶段，企业家因为拳头大，橘子必然是归他所有；在互利阶段开始谈条件，如三七分、四六分，或是直接将橘子一切两半；然而这些都是不智慧的，如今是共利阶段，也就是利众生的阶段，我们都需要得到最大价值。因此互利阶段的分配实际上是不合理的，当我们将橘子切到一人一半后，会发现一个奇怪的现象，我们的合伙人拿到他那一半橘子后，吃了果肉解渴，将橘子皮扔掉；而企业家由于上火，与之相反扔了果肉，留下了橘子皮泡水喝；实际上双方都没有实现利益最大化。

如今我们实行合伙制度，就是为了实现价值的最大增值，要明白为什么分橘子，怎么分橘子能实现双方利益最大化，甚至是如何不再聚焦于眼前的这一个橘子，而是产生更多的橘子来分。

所以如果当企业家察觉到应该要去利众生的时候，那么你就要把创始团队的权力分享、机会分享，并且需要一颗谦虚的心来包容，以彼之长补己之短。如果企业家总是拿自己的标准来要求别人，就会很难找到合伙人。德鲁克先生在《卓有成效的管理者》一书中提出了五大核心内容——做好时间管理，贡献意识（绩效、价值），要事第一，发现别人的长处（谦虚的心态），有效决策。实际上如果真的能做到这五点，他一定是个优秀的管理者，但是知行合一确实是人类的一大难题，各位企业家还需多自省、多努力，从而建立起一个好的企业回报体系，要给团队建立物质回报（建立利益共同体——初级合伙人）、精神回报（建立事业共同体——中级合伙人——可以代表企业对外裂变门店）、机会回报（命运共同体——高级合伙人——可以参与主体公司的运营合作）三层回报体系。

三、各行业、阶段企业能否导入绩效合伙人系统

介绍了这么多，很多读者肯定会问我：绩效合伙人系统适合什么行业？适合哪个发展阶段？答案是都适合。为什么不限行业、不限阶段呢？因为现在的民营企业必须重视顶层设计！以前我们是摸着石头过河，但今天企业发展已经进入深水区，未来3~5年，在经济下行的情况下，很多没有竞争力或只依靠企业家个人能力的企业将被淘汰。唯一的办法就是两个字——创新。

巴菲特说过一句话，只有在退潮的时候，才知道谁在裸泳。

所以，绩效合伙人系统跟企业处于什么行业没关系，企业家必须静下心来做好自己应该做的事，重新设计自己的企业，并找到一个能说服自己的理由：我的企业凭什么一直生存下去？成功的决定性因素是企业的核心价值主张。

任何行业都需要顶层设计，在吸引人才之前，在融合各项资源之前，你必须建立一套清晰的、公正的、公平的、公开的价值评价体系。

简述完与各行业的匹配度，我们再来看看企业发展的几个阶段与绩效合伙人系统的适应性。

（一）企业的3个发展阶段

在前文中我们多次强调责、权、利的统一，和哥伦布一样，承担最大的风

险，就应该获得最强有力的指挥权，获得最多的利益分配，利他也要利己，即要利众生。做企业永远要勤、要慎、要胸怀、要眼光，你做的每个细微的决定，沿着金字塔路线由上而下地贯彻，带来的影响都是巨大的。企业要发展，就是打一场没有硝烟的战争，每一步都是谨慎思考得到的结果，这个过程如履薄冰。

因此在导入合伙人制度时，企业要有准确的切入点，强有力的抓手，以及明确的目标，要时时刻刻地和其发展情况、发展阶段相结合，再做适应性的改变。一个企业会面临两方面的可能性冲击，一方面是来自外部的压力，即市场的环境和竞争的激烈程度；另一方面是内部的挑战，如企业的文化指引是什么，管理制度是否合理，有没有给员工充分地赋能，组织结构是否完善，决策是否简捷有效，提供的产品与服务能否经得起市场的考验。这些都是对企业家的考验，同样也是导入合伙人制度时的限制因素，要时刻牢记，因地制宜。

企业发展大体可以分为3个阶段，分别是创业期、扩张期、成熟期；如果为了详细说明合伙人制度在每个阶段的特定匹配情况，扩张期又可分为前、中、后3期。从一般意义上讲，我们印象中的创业期、扩张期、成熟期分别对应规模上的小、中、大，但是对一个企业的阶段定位是通过资源、渠道、产品等方面来判断的，不能一概定之。像华为、阿里巴巴这般国内行业巨头企业，仍然处于强劲的扩张期；很多中小企业由于渠道受阻，产品没有提升已然"未老先衰"，失去了竞争力。

1.创业期

每个企业创始人都经历过初创阶段，所以对其特征应是非常了解的。创业期的企业资源匮乏，渠道狭窄，销路单一，在经营上也多是依赖企业家及身为朋友、同学等的联合创始人的个人能力，包括技术实力、资源渠道、人格魅力、眼界胆魄等。

如今是一个非常考验能力和运气的时期，在这个时代大环境下，留给创业者的空间并不大。能否在有限的时间内，获得充足的资金，建起有能力的管理团队，并且打造出稳定、有效的产品渠道，制定好合理的战略，这些是进入扩张期的必备条件。

2.扩张期

当满足了上述条件后，如果恰好你所处的行业市场份额很大，机会很多，那么在产品服务过关的基础上，资金将不会成为你现阶段的顾虑因素。这个时期的企业会快速发展，人员、产销规模增长达到30%，管理制度逐渐融入员工心中，企业运营模式逐渐稳固。

3.成熟期

当企业进入成熟期，企业运营模式会逐渐固化，产品趋于成熟，创新遇到瓶颈，销售增长开始回落，盈利能力不再复扩张期的景象，很多处于发展阶段的人员不再适应全新的阶段，这样的企业也不再是创新人才的优先选择。

这时企业由于体量庞大，难以转向，想要改变现状是一件很难的事情。这时若在新行业进行战略重组，也许会有转机，这需要管理者具有一定的魄力。

（二）企业合伙人制度的选择

合伙人制度作为这个时代最有竞争力、最具赋能效应的管理模式之一，它的导入过程很像是对孩子进行道德教育。

对孩子的教育自然是越早开始越好，但是结合实际来说，10～14岁是最重要的阶段。企业也是如此，创业期的企业就像一个10岁以下的孩子，家长因为过于疼爱孩子，或者工作太忙无暇教导，错过了这个时期，而抓住这个时期的家长都是懂教育、有精力、有前瞻性的。创业期导入合伙人制度的初创团队也同样是有远见的，考虑后期的发展，提前预防隐患。这个时期固然很重要，但是没有抓住实属正常。

当企业处于扩张的前期时，就像孩子到了10~14岁，这个时期的家长年龄一般在40岁左右，事业稳固，有时间、有精力进行言传身教，而此时的企业同样脱离了创业期的困局，企业家有时间与精力去考量更长远的发展问题，这是合伙人制度出现的黄金时间。

15~20岁的孩子处于青春期阶段，开始进入逆反期，教育的结果往往适得其反，不得要领；扩张期中后段的企业往往也带着一种傲慢，和孩子总认为自己长大了一般，将合伙人制度错用成股份激励而不自知。

当孩子到了20岁，就已经慢慢有了自己的思考方式，行为准则逐渐固化，家长的教育不再具备太多的指导性，转变多来自外界环境的影响，正所谓"不撞南墙不回头"。对成熟期的企业来说，转机难得，须下狠药，或者身处终局穷则变之。

1.创业期的合伙人制度

在创业期引入合伙人制度的原因有两点，要么是由于创业者能力不全面，需要各方人才互为补充，互相支持；要么是由于融人才、融资金困难，通过许诺股份的方式借势。

针对这两个原因，合伙的主要形式有3种，即联合创业式合伙、针对个人的合伙、面向团队的合伙。在这3种合伙方式当中，联合创业式合伙是大部分公司的前身，点对点地针对个别人才的招募实属无奈，而面向团队的合伙则是我们所支持的。

（1）联合创业式合伙是以信任为前提，以利益共享为目的，以能力互补为途径的合伙方式，在这种合伙方式中经常以某个共同目标为指引。尤其在现在这个时代，很多年轻的初创团队都是怀揣着梦想投入的，所以这种牵绊是不稳定的：涉及谁是这艘船上永恒的船长，船员和船长有没有气出一孔、一直全力以赴，或是船员能力、体力是否跟得上。

所以为了更好地解决这个问题，绩效合伙人系统会在系统落地的第三大步骤——合伙增长中，预先将可能遇到的情形拟好章程，形成一套行之有效、有所凭依的合伙协议。

（2）针对个人的合伙其实就是在发展初期，由于企业中经常出现突发情况，急需相应人才应对，可以说是速招速用，未考量招用的人才是否与企业价值观相匹配，一心只求解决问题，所以以股份为筹码仿佛成了唯一解，这都是无奈之举。不过我还是不建议单一性的股份授予，因为谁也不知道后期隐患爆发会是什么状况。

（3）面向团队的合伙就是我们前文所提到的，有前瞻性、策略性的预防型导入方式，在"早教阶段"使用绩效合伙人系统来为未来的核心人才养育一片没有后顾之忧的沃土——好的管理模式、组织结构、制度框架，可以使系统更加顺畅地落地，并且在融人才、融资金、融资源方面都给出极大的助力。

2.扩张期的合伙人制度

（1）扩张前期。扩张前期是我们说过的导入合伙人制度的黄金时间，第一个原因是处于这个时期的企业有活力、有朝气、有能力、有前景，大量的人才愿意主动投入这个奔向未来、欣欣向荣的航母，此时导入，就能更好地为员工赋能，使其发挥主人翁意识，正所谓天时地利人和。

第二个原因是这是绩效合伙人系统的顶层设计之文化落地的最佳时刻，将使命、愿景、价值观充分融入每个充满希望的员工心中，Meta的扎克伯格正是把握

第二章
初见端倪 何为"绩效合伙人系统"

了这个时期从而将黑客文化普及开来。

第三个原因在于刚离开创业期的企业可塑性强，此时使用绩效合伙人系统，把绩效赋能、动力机制等几个小模块导入进来，阻力小。当制度规范了，员工完全接受后，一个训练有素、制度严明的"部队"就出现了，就好像"阿里铁军"一般。

但是还是要注意合伙人制度不是股权激励，合伙人制度旨在长期存续。同时，可以将合伙人制度覆盖至多岗位，对怀揣希望的新时代员工来说，股份比例即使不高，其作用也很实在，它所产生的认同感是第一位的。

（2）扩张中期。扩张中期的企业，处于其创始以来最巅峰的阶段，此时的决策者不免会有些傲慢的情绪，觉得自家企业管理模式优越，只需辅以股权激励，无须推进合伙人制度进行管理优化，未考虑体系的完整性，没有抓住机会。

凡事预则立不预则废，站得高就容易跌得惨，如果只是以利诱之，那么当企业盈利下降，一些人才所得分红减少，是否依然忠心？这就是人性，由奢入俭难。

同时合伙人制度也是一个漏斗，在发展阶段，人才中也会出现良莠不齐的现象，谁的价值观与企业符合，而谁又是投机分子，此时就是筛选时机。当受到外界的高薪诱惑时，还愿意一起留下的人才是真正的战友，就是你选拔合伙人的目标。

（3）扩张后期。扩张后期企业已入巅峰末期，发展速度下降，固定的制度模式、复杂的人员结构再也不是助力，而是降低效率、拖住后腿的"水鬼"，如果决策者的意识还停留在辉煌的昨天，那么就会日暮途穷。

如果企业已经一脚陷入泥沼，那么一定要注意，此时决策者的第一要务不是导入合伙人制度，而是去寻找适应未来的新的战略模式，开展新的业务，推出新的产品，以防越陷越深。

当导入绩效合伙人系统时，也不要一口吃成个胖子，不要一下子在全公司推行改革，可以将事业部或分、子公司作为单位进行核心人才的合伙人转化，以点带面。如果局势不好，也能及时舍小保大，留下主力军。剩下的部分该舍就舍去，毕竟有舍才有得。

3.成熟期的合伙人制度

成熟期的企业结构牢靠，整套体系流程日渐标准化，不会因为缺乏某些人而有所变动，因此虽然经常面临骨干流失、中基层管理者退出的情况，但是却没有引起决策者的重视。同时外部人才也不愿来这种企业，觉得没有发展前景，付出得不到相应的回报。再加上曾经立下汗马功劳的"老人"，不复当年的斗志，把企业当作职业生涯的享受地。这就导致企业变成无源而又逐渐干涸的水潭，结果可想而知。

坦诚地讲，这样的企业想要导入合伙人制度真是难之又难，一切规定、模式早已变成所谓的约定俗成，所有的改革都会动部分人的利益，这部分人在企业中的职位可能很高。在这样的企业中谈重塑文化、确认使命愿景，就像在和垂垂老矣的老人家讲梦想一般，可行性很低。

在这种情况下，想要导入绩效合伙人系统就需要一个有魄力的决策者，一个有决心、有抱负的领导者，需要放弃主体公司和旧业务另起炉灶，通过内部的业务重组、投资新业务或并购的方式，在新成立的事业部或分、子公司中实行。这就像三国时期的世家一般，会将家里的人杰分别送往当世几大势力，多方押宝，谁能在这场斗争中获得最后的胜利，那一脉就将是未来的主家。

第五节

绩效合伙人系统 vs 股权激励

绩效合伙人系统专门用于解决中小民营企业面临的缺资金、缺人才、缺资源的问题，但是经常会有人说那直接用股权激励就可以了，不用玩绩效合伙人系统这么"复杂"的东西。

那么我先在此说明一下，中小民营企业导入股权激励存在两个弊端。

第一个弊端是财务可能存在不规范的情况。

上市公司的财务情况是公开的，所以可信度高。在中小民营企业中，即使企业家的行为很正规，但员工还会认为他有猫腻。我们之所以不建议用股权激励这个工具是因为它有几大束缚，首当其冲的就是财务问题——别人永远不相信你，除非让他自己来做。

第二个弊端是员工拿到公司的股份却不能在市场上变现。

我们过去采用的股权激励，在年终进行的分红，其实就是切原来的那块蛋糕，这种切有限的蛋糕的分配方式叫存量分配，并且它不能像上市公司那样做到可以在二级市场变现。

如今，人力资本主导的时代已来，人才成为第一生产力。因此，企业必须做的，首先是留住现有的人力资本，其次是吸引更优秀的人力资本，再次是吸引社会上的良性资金，最后是融合社会上的良性资源。换句话说，今天我们关注人力资本的增值，是优先于财务资本的增值的。这是《华为基本法》里面写在前面的话（《华为基本法》是关于华为治理结构的规则手册）。

绩效合伙人系统是迎合如今时代趋势的系统工具，过去那些方式不好用了，不管是经理人的年薪制，还是我们所谓的股权激励，或者其他方式。我并不是全盘否定它们，例如，股权激励非常适合上市企业，特别是期权，是非常好的工具，好处是企业不用付出太高的成本，然后又能在二级市场进行变现，但并不适用于中小民营企业。下面我们将从五大核心问题说明绩效合伙人系统与股权激励的区别。

一、人的身份

绩效合伙人系统解决了人的身份问题。作为持股平台的合伙人，间接地持有企业股权，可以拥有企业未来利益的分配权及资产增值溢价权。

也就是说，不管你设计什么机制，导入什么系统，关于人的利益分配问题是避免不了的。

时代变了，60后、70后的人更关注当下，而90后、00后的年轻人除了关注当下还关注未来，关注自己能获得什么。

这个时代的变化是不以个人意志为转移的，不管我们接受不接受、喜欢不喜欢。今天很多企业觉得内部管理难了，其实就是因为人的观念在变，而企业管理没变，就像刻舟求剑一样，思维落后，这很可怕。企业当中不管导入什么系统，都要解决员工身份的问题——这个企业发展好了，跟他有什么关系。

在合伙人制度中，间接持股不能以自然人身份对企业的经营决策进行任何干扰，不会出现任何法律纠纷，如果一旦有问题就在合伙人平台内按规则进行处理即可。

二、风险

只要以个人身份授予他人股权,就会存在一定的风险。下面我举两个经典的案例。

案例:国美"黄陈之争"

在现代企业制度下的股份公司特别是上市公司中,董事局是公司常设权力机构,经股东大会授权后,董事局往往集经营决策大权、财务大权、人事任免大权于一身。在这一点上,董事局是个组织,组织的背后是制度,制度的背后是利益。董事局由董事组成,董事是股东利益的代言人,对董事会议案有表决权。在股份公司的操作实践中,董事局的构成体现出一种出资比例和董事比例相匹配的特征,这反映了责权利相匹配的理念。大股东出资比例最大,承担的风险也最大,因此与之相对应的权力也应该最大。

国美"黄陈之争"的主要原因之一便是国美董事局责权利严重不均衡。作为大股东,黄光裕出资最多(持有约32%的股权),但在董事局中代言董事席位为零;与之形成鲜明对比的是,在债转股之后,拥有约10%股份的贝恩与陈晓合作,在11个董事席位中至少直接控制了5个。不能掌控董事局,就不能掌控整个国美,董事局话语权的旁落,使黄光裕方对自己的利益是否能够得到保障产生忧虑,因此黄光裕在5项提议中有4项是事关董事人选的。

国美"黄陈之争"的另一焦点是股权比例,股权增发威胁大股东地位。在国美股东大会上,黄光裕的5项提议中第一项便是"即时撤销国美2010年5月11日召开的股东周年大会上通过的配发、发行及买卖国美股份之一般授权"。

股份制企业股东靠股权说话，股权决定话语权和控制权是现代企业的基本特征。在股份公司特别是上市公司的各项章程中，股份比例与权力分配完全成正比的关系。股份公司或上市公司，遵循的是少数服从多数的票选原则，票选原则有很重要的两点：一是议案获某一规定的多数股权支持则通过，若议案通过，董事会需要履行股东大会的决定；二是股权达到一定数额的大股东可以就某议案要求召开临时股东大会。

当时国美董事局决定增发20%的股份。在此之前，黄光裕作为大股东，其持股比例约32%，倘若进行股权增发，大股东股权比例有被摊薄之风险，与之对应的是大股东的影响力和控制力也势必减弱。

股权的重要性在国美"黄陈之争"中已表现得淋漓尽致。一方面，由于黄光裕的股权比例达约32%，才有权要求召开股东大会，对自己的提议进行表决；另一方面，由于黄光裕的股权比例不足，才导致5项提议4项被否，这从侧面证明了黄光裕对股权增发的担忧不无道理。

陈晓就利用了他是临时董事长的身份，根据公司章程里约定的"董事长可以独自决定增发股份"这一条，对那帮跟了黄光裕20多年的人说："我决定从明天开始，给你增发股份，请问你支持我吗？"于是旧臣纷纷倒戈。

案例："宝万之争"

"宝万之争"从2015年开始，到2017年尘埃落定，这场商战最后留下的是什么？是王石的英雄主义，还是资本的"野蛮人"标签？

2015年，股市动荡，一片低迷。宝能集团的姚振华却逆流而上，他

第二章
初见端倪 何为"绩效合伙人系统"

举牌万科,并对外公告:"应保监会(今改名为国家金融监督管理总局)的要求,维护市场稳定,买入蓝筹股。"而另一位主角,万科的王石先生,并未意识到此时的暗流涌动,甚至还欣慰地发个朋友圈说:"还是我们深圳的企业,彼此知根知底啊。"这里给大家解释下举牌的含义。所谓举牌,是为了保护中小投资者利益,防止机构大户操控股价,《中华人民共和国证券法》规定,投资者持有一个上市公司已发行股份的5%时,应在该事实发生之日起3日内,向国务院证券监督管理机构、证券交易所作出书面报告,通知该上市公司并予以公告,并且履行有关法律规定的义务,这就是我们经常听到的"举牌"。

王石的朋友圈发完不久,暗流逐步浮出水面。早就做好准备的姚振华动用百亿元资金不断地增持万科股票,先后4次举牌。到2015年底,宝能集团已经持有万科20.08%的股份,成为万科的第二大股东,直逼第一大股东华润集团。王石此时才意识到姚振华的意图,明白了他就是个想恶意收购万科的"野蛮人","宝万之争"拉开帷幕。

2015年12月17日,王石公开宣战宝能集团,他指出:"不欢迎宝能系成为万科的第一大股东,不会受到资本的胁迫,将为万科的信用和品牌而战。"第二天,宝能集团再次举牌,以24.29%的股权比例一跃成为万科的第一大股东。在当天下午,万科宣布停牌。这一天,对王石来说,着实不好受。

当然,事情到这里肯定没有结束,王石积极地寻找援助。2016年3月,万科定向增发股票,又引入了深圳地铁集团作为战略投资人。这本是一个很好的解决方案,因为宝能集团当时在董事会并没有席位,只要当时的第二大股东华润集团赞成,引入计划肯定是板上钉钉的,姚振华控制万科的想法肯定泡汤。但是,戏剧性的一幕来了,华润集团竟然投了反对票!要知道,华润集团作为万科大股东已经15年之久,而且一直没有干预过万科管理层的决定，王石也一直觉得不与之沟通，是很理所当然的。此时华润做出如此举动，表明华润对万科管理层不尊重自己意见，及其所表现的绝对控制权与话语权的深深不满。"宝万之争"进入白热化阶段。

事情的转机在于国家监管部门的出手。"宝万之争"被看成了实体经济与资本力量博弈的标杆性事件。2016年5月，深交所同时对万科与宝能发出监管函，批评万科违规透露了未公开的重大信息，对宝能严重警告，称"经多次催促，仍未按要求上交股份权益变动书"。2016年12月，时任证监会主席的刘士余用前所未有的严厉口吻警告说："我希望资产管理人，不当奢淫无度的土豪，不做兴风作浪的妖精，不做坑民害民的害人精，你用来路不当的钱从事杠杆收购，行为上从门口的陌生人变成'野蛮人'，最后变成行业的'强盗'，这是不可以的。这是在挑战国家金融法律法规的底线，也是挑战职业操守的底线，这是人性和商业道德的倒退和沦丧，根本不是金融创新。"2017年2月，保监会（今改名为国家金融监督管理总局）发布处罚公告，姚振华10年内不得进入保险业。

至此，事件的结局渐渐明朗化。华润将所持有的股份全数转让于深圳地铁集团，告别了这段长达16年的别扭"婚姻"。恒大也将所持股份转让给深圳地铁集团，深圳地铁集团一跃成为万科的第一大股东。2017年6月30日下午，万科召开年度股东大会。宝能集团并未派人到现场参加万科股东大会。随后，宝能集团首次就万科董事会换届公开表态：从大局出发，支持万科换届方案，支持万科持续发展。

这也意味着，宝能集团通过网络投票的方式，参与了对深圳地铁集团提名议案的表决。从所有候选董事超过90%的赞成率来看，可以推测

第二章
初见端倪 何为"绩效合伙人系统"

宝能集团投出了赞成票，亲手促成了自己在11个董事席位中没有获得一席的结局。在当天的万科董事长选举大会上，郁亮代替王石，接替了万科董事长席位。

至此，"宝万之争"，才算真正结束。

"宝万之争"无疑是30年来国内第一商战，在资本市场面前，王石的英雄主义也不免让人落泪。王石捍卫的是万科30年形成的文化，是这种文化在摒弃"野蛮人"，亦如欧洲评价匈奴，说他们是"野蛮人"，因为他们挥舞着马鞭，挎着弓箭，像是要踏破大地和落日一样奔腾而来；近代的中国评价入侵者为"野蛮人"，是因为他们船坚炮利，屠城奸淫，手里擎着铁与火。

王石在多本回忆录或访谈中称赞华润，"既能支持万科的房地产开发主营方向，又能为万科在国内外的融资渠道提供支持"。可有一天，曾经依靠、信任的华润毫不遮掩地公开和万科管理层阻击的恶意收购者联手，天要下雨、娘要改嫁，你还怎么傻傻等？

王石在股东大会上说，个人的荣辱已经不重要了。王石是否出局也不重要，我们也无法用这一役评定王石一生的功过。从35岁的第一桶金到创立万科，从卖玉米到投资房地产，王石的前半生可谓是创业的典范。爬珠峰、滑翔、划艇，在生死之间"翩翩起舞"，体验斗争的乐趣。

但从商业角度看，"万宝之争"的症结在于，随着时间推移，万科的生存环境发生了巨大变化，万科企业产权和实际控制人的关系并没有随之相应变化。王石无疑错失了万科股权调整的最佳时机。资本市场在经营管理、制度建设、企业文化及股权安排方面带来的思考确实值得每位创业者和企业家深思。

所以，绩效合伙人系统的第二个优势在于，我们解决了风险的问题，不给自然人身份，而是以间接持股的方式，其好处显而易见，这样不会对我们的角色进行干扰，你只要通过你或你的家族企业，进行普通合伙人的控制权统一就可以了。

三、决策权统一

只有一个带头大哥，其他人跟随干就好了。这解决了企业决策权统一的问题。

在这套绩效合伙人体系中，可以通过合伙企业进行三重控制。

第一层控制是有限合伙企业控制目标企业，控制原理是直接股权控制。直接股权控制的股权架构最简单、最直接，它不玩花样，直来直去。所谓直接股权控制指采用直接持有大比例股权，实现对目标企业的控制，即有限合伙企业对目标企业控股占50%以上，因此拥有对目标企业的控制权。

第二层控制是普通合伙人控制有限合伙企业。在合伙企业中的普通合伙人，只要拥有了普通合伙人身份，就拥有了对合伙企业的绝大部分决策权。当你搭建了合伙企业后，与你一起共事的兄弟或外部来的人变成了有限合伙人。有限合伙人只对他认购的有限的合伙份额负有限的责任，而普通合伙人需要承担无限连带责任。由于权责是对等的，普通合伙人负了这么大的责任，就应拥有那么大的权力，因此普通合伙人就有绝大部分的决策权。同时，为了规避无限连带责任，普通合伙人可以由有限责任公司来担当，由于有限责任公司承担的是有限责任，这样做的好处是普通合伙人名义上承担无限责任，实际上承担的是有限责任，规避了风险。

同时还有一个原因，是便于控制权的转移，日后有需要更换执行事务人，直接在作为普通合伙人的公司层面操作即可。

第三层控制是创始人控制普通合伙人（有限责任公司），这一层和第一层控制模式一样，也是直接股权控制。差异在于，这里作为普通合伙人的公司，一般是由创始人100%控股的。

最后提醒各位读者，经营企业都避免不了接触合伙企业，如果以后你身边的朋友、亲戚、同学说"我做了一个合伙企业，你有没有兴趣投进来"，那么我先给你一个宝贵的建议，就是最好选择一个刚刚注册成立的合伙企业，因为合伙企业约定，只要一致同意，完成了内部合伙协议的进入退出，那么你一旦进入原先的合伙企业，这就代表自愿承担被替代者之前的一切债务，即便未变更注册信息，出了问题都将由你承担，跟退出的他没有任何关系了，哪怕他欠债还没还完。这就是权责的对等关系。

四、进入退出程序

绩效合伙人系统中合伙的进入、退出非常方便，不需要办理变更手续。这就刚好与我们这套体系当中的核心亮点"动态"，形成了完美的匹配。

绩效合伙人系统对合伙人的身份进行动态管理。这意味着引入的合伙人并不是一直保持着原有身份不变的，而是根据价值评价进行动态变化的，有相应的升降进退机制。

反观在股权制中，股东作为投资人，是不能被考评的，但是如果他在企业中担任了职务，就需要参与考评。到了年终分红的时候，由于同股同利，如一个股东担任了副总，即便考评之后他并没有达标，在分配净利润时，依旧应分得股份相应的分红，这会使担任职务且工作努力的其他股东感到不平衡。

此时绩效合伙人系统便能很好地进行价值的评估，因为相同的合伙份额，不一定会分到相同的红利，分红是以贡献度作为分配凭据的，这就是动态治理的价值体现。

五、征税

合伙企业只需要缴纳个人所得税,没有企业所得税,这就避免了企业被两次征税。

实际上这就是税筹,因为合伙企业是非法人组织,中国的私募投资基金、房地产企业在进行房地产投资的时候,都是通过一个有限合伙企业进行投资的,能够有效避免双重征税。

第六节
绩效合伙人系统的三大前提

一、"无利润,不合伙"

企业中的利润按作用有很多种分类,它们都是用来衡量企业经营行为并作出判断的重要利器。

税后利润是净利润,是一项非常重要的经济指标。对于企业投资者而言,获得投资回报大小的基本衡量因素就是净利润,对于企业管理者而言,净利润是进行经营管理决策的基础。同时,净利润也是评价企业盈利能力、管理绩效及偿债能力(企业偿还包含本息在内的到期债务的能力)的一个前提,是一个反映和分析企业多方面情况的综合指标。净利润是一个企业经营的最终成果,净利润高,代表企业的经营效益好;净利润低,说明企业的经营效益出了问题。它是衡量一个企业经营效益的重要指标。

毛利(毛利=收入-成本),主要反映企业总体经营业务有多大利润空间。如果毛利较高，说明企业发展前景比较好，企业有较大的空间抵销期间费用（期间费用=销售费用+管理费用+财务费用），盈利空间较大。

收付实现制上的利润（收付实现制上的利润=现金收入−成本），主要是反映企业资金周转情况。如果企业经营收入有所增加，但商业信用增加幅度比经营收入增加幅度更大，有可能报表利润虽丰，但是资金周转却不灵，就会拖累以后的盈利。该利润揭示了企业实际已收现的获利情况，不仅能帮助外部投资者了解企业的资金状况，而且有利于企业及时根据资金状况加强内部资金的营运管理。

进行生产决策使用的利润（进行生产决策使用的利润=收入−可变成本），在企业有剩余生产能力的情况下，如果该利润为正，只要接到订单，进行生产就对企业有利。因为无论是否生产，固定成本都是存在的，无法改变。该利润为正，则在固定成本的基础上，尽可能地为企业多贡献了利润。

以现值计价企业目前拥有资产的利润（以现值计价企业目前拥有资产的利润=毛利+资产增值，资产=负债+所有者权益），毛利增加，则所有者权益增加，就是为企业增加了新的资产。与此同时，企业账面上旧的资产也会随着时间的推移而有所增值。该种利润通过对收入减去成本实现的毛利和资产增值两方面进行加总，总体反映了企业资产的保值增值状况。

在以上分析中我们大量地运用了成本进行计算，成本对企业有着莫大的意义，全球企业通用的三大战略中第一条就是总成本领先战略，但很多企业却从未仔细思考过其背后的含义。

（1）降低成本是企业增加盈利的根本途径，直接服务于企业的目的。不管在什么情况下，只要降低成本就可以增加利润。即使是像国有企业这种不完全以营利为目的的企业，如果成本很高，不断亏损，其生存也会受到威胁，就更别说在调控经济、扩大就业和改善公用事业等方面发挥作用了，而且成本过高还会影响财政，加重纳税人负担，对国计民生不利。

（2）降低成本是抵抗内外压力、求得生存的主要保障。对于企业来说，外有同业竞争和经济环境逆转等不利因素，内有员工改善待遇和股东要求分红的压力。降低成本、提高产品质量、创新产品设计和增加产品销量，就是企业用以抵御内外压力的武器。如果提高产品售价，那么经销商和供应商也会有相应的提价要求，还会增加流转税的负担，降低成本可避免这类压力。

（3）降低成本是企业发展的基础。如果成本低了，产品可减价扩销来巩固经营基础，这样企业就更有余力去提高产品质量，创新产品设计，寻求新的发展思路。在成本失控的情况下盲目发展，是许多企业陷入困境的重要原因之一。因为一味在促销和开发新品上冒险，一旦市场萎缩或决策失误，企业没有抵抗风险的能力，很快会陷入困境。

我们要明确在绩效合伙人系统中的"无利润，不合伙"，"利润"首先指的是利润增量，其次才是存量，只要这种附加值足够充分，那么就满足了合伙最基本的要求。不过对何为增量与存量，相信有些企业家还不了解，增量与存量的概念在市场、思维、时代、经济等很多方面使用，企业中的增量净利润=（实际生产量－计划生产量）×单件净利润，也就是超出我们预期所盈利的金额；存量分配是指营业额减去成本之后的税后净利润。

案例：永辉超市员工合伙制度

永辉超市董事长张轩松通过进店调研发现，当一线员工每月只有2000多元的收入时根本没有干劲，每天上班"当一天和尚敲一天钟"。

他发现，企业中存在的问题如下：员工积极性差，无笑脸；果蔬损耗严重，无人管。

怎么办？

第二章
初见端倪　何为"绩效合伙人系统"

> 直接提升一线员工收入不现实，单纯增加员工薪资，就会增加企业成本负担，影响超市盈利；并且加多了企业家不愿意，加少了激励性弱，效果短暂。
>
> 从2013年开始，永辉超市把店长、店助、营运人员、后勤人员、固定小时工（工作时长≥192小时/月）列入股东合伙人（OP）范围，并逐步制定完善的激励制度，超市员工的收入达到了8000～10000元，其他超市才3000元左右。
>
> 永辉超市的股东合伙人不同于普通的股东合伙人，主要是面向一线管理人员和员工的。永辉超市的股东合伙人不承担企业风险，他们承担经营责任，以打造团队经营者为核心，做增量价值，分享增值收益。
>
> 永辉超市的股东合伙人的本质，是用增长的利润或减少的亏损，来激励员工为业绩负责。股东合伙人不享有公司股权、股票，只有分红权，采用虚拟股的激励方式进行再分配；绩效管理制度借助阿米巴经营思维中的业绩对赌方式，重在激励；确立业绩目标和标准，业绩增量部分的利润按照分配规则在不同岗位上进行合理分配。

那么利润的增量该如何保障？如果没有增量，又何来合伙分配？在绩效合伙人系统中，对增量的保障靠的是在顶层设计环节中对商业模式的设计，它解决了价值由谁来创造的问题，获得了增量后就需要对其进行合理的评估，因此需要用到动态治理这个工具，从而明确导入绩效合伙人系统的另一个前提——"无绩效，不合伙"。

二、"无绩效，不合伙"

绩效就是动态，如果没有合理的分配模式，那么分享利益者一定会出现"摆烂"的情况。绩效这种具象化的动态不仅局限在内部的管理上，在引入外部资源时，对企业也有保障作用。

我们从三个小维度简析一下什么叫"无绩效，不合伙"：一是"无激励，不绩效"，二是事业合伙人的动态治理，三是财富合伙人的动态治理。

（一）"无激励，不绩效"

在前文案例中，永辉超市董事长张轩松发现员工没有干劲，现代企业都有一个期待——员工能够把企业当成自己家一样发挥主人翁意识，但是如果没有相应的匹配机制，这显然是不现实的。只有企业真的将自我发展与员工的利益联系在一起，才有可能实现共赢。

企业要树立一个观念，为了将员工与企业进行利益捆绑，一个与其相匹配的绩效模式不仅不会增加企业的激励成本，反而会让员工加倍努力，为股东创造持续的、更高的剩余价值。例如，华为在裁员但留下核心员工的基础上，给少数优秀的员工涨工资，来倒推任务。他们强制规定必须给核心员工加工资，从而倒推他要完成多少任务。每年完成任务，给前20名的员工加20%工资；中间20%的员工加10%的工资；每超额完成10%，再增加10%工资。

此外，如果部门做得差，就选择裁员并给留下的员工涨工资的方法进行运作。很多企业经常犯一个错误：部门绩效越差，就越不给员工涨工资。如果工资不涨，优秀员工肯定要走。对于中小企业而言，不能像华为一样让每个员工工资都很高，但你可以让核心员工工资高。

需要注意的是，虽然物质激励是必要的但不值得鼓吹，因为企业在导入绩效合伙人系统进行顶层设计时，文化落地才是排在第一位的，将个人使命与企业使命结合，才会使员工有真正长久的归属感。

（二）事业合伙人的动态治理

在前文我们讨论了绩效合伙人系统与股权激励的区别，通过国美"黄陈之争"阐述了股权被稀释后可能会出现的问题，与此同时，还有一个需要重视的问题：有人拿钱不干活，出工不出力。

案例：A公司未分配利润之争

A公司成立于2016年6月，主营污水处理过滤器贸易业务。甲与乙为创始股东，持股比例皆为50%，A公司注册资金为200万元，已于2017年6月实缴完毕。甲任法定代表人、董事长，乙为总经理兼监事。

甲有自己的传媒公司、运输公司，当初之所以入股只是看中了A公司的发展前景及乙吃苦耐劳的精神。甲1年最多只来公司两三次，甚至A公司很多员工都不知道有这样一个大股东存在。A公司在乙的带领下，分别组建了国内销售部与国外销售部，各部门的负责人都是乙一个个亲自挑选的。通过乙和各部门2年的努力，终于在东南亚打开了污水处理过滤器贸易业务的市场。2018年底，A公司实现销售收入1.8亿元，净利润1630万元。2019年3月，甲忽然来到了A公司，要求召开股东会，并且委派了财务负责人来分配A公司的利润。乙认为A公司的好成绩都是由她及团队创造的，甲只是出资没出力，如果现在要按照持股比例分配利润（截至2019年底A公司未分配利润为1938万元），她实在接受不了。而且乙认为现在团队已有80人了，公司能有今日离不开各部门负责人及核心销售人员的努力，打算对他们进行实股激励，这些股份就从甲、乙的股份里按同比例来稀释让渡。甲认为公司章程没有这一条规定，不愿意稀释自己的股份。两人不欢而散。

2019年8月开始，乙与现有的团队注册了B公司（注：法定代表人及股东做了相应的安排），开展污水处理过滤器的安装与施工业务，通过关联交易转移了1130万元的未分配利润。甲知道后，以股东挪用公款、违反竞业禁止条款、利益输送等名义起诉至南京市法院。法院审理认为，A公司与B公司的交易属于正常的业务往来，由市场公允定价（因海外市场劳动力成本较高），系企业内部的经营行为，驳回了甲的起诉。

从案例中可以看出，甲不参与经营，却想在公司业务蒸蒸日上时坐享其成，要求分享股东的权益，这对努力的股东是不公平的，但这确实是甲作为A公司股东可以享受的权益。这种情况并不是少数，很多企业盲目引入合伙人制度，把员工发展成合伙人和股东，初心是好的，但有的员工躺在功劳簿上，赚了分红却没上进心，开始吃大锅饭，这就形成了一个闭环，让企业走不出去。

所以这个时候我们就要引入"绩效"作为价值动态评价的依据，将系统的静态设计改为动态设计，以结果为导向，在提前约定好的时间节点按贡献进行分红。就算是合伙人也不能作壁上观，也会面临退出的可能性，这才是科学的、符合新时代要求的管理模式，这就是华为、阿里巴巴、小米等商业巨头选择有动态思维的合伙人制度的原因。

（三）财富合伙人的动态治理

相较于对内的事业合伙人，对外的财富合伙人同样需要价值评价。当我们提供了合伙平台之后，各个合伙人所具有的合伙份额与分红收益并不是同比的，他们所提供的资源、资金都是贡献依据，通过这些合理、科学的评价，合伙人的层级会相应升降，对于长期处于"待机"状态的合伙人来说，甚至会有退伙的风险。由于整套系统对人员变更处理的优越性，并不需要频繁地办理变更手续，大大提高了其在各个企业不同状况下的适应性。

除此之外，既然是以"动态"为管理的核心，那么标准化的流程一定要可靠！如合伙人入伙、退伙标准，层级如何划分等。并且根据合伙人的功能不同，彼此间的衡量方式也不尽相同，事业合伙人一般为项目跟投，生态链合伙人一般是供应商、客户、投资人等，划分越细，那么对他们的价值评价的考量准则就会越复杂，这就要我们重视规则的设定，无论什么样的合作关系，将"丑话"说在前面，才是之后能更好合作的最佳保障，从而避免朋友变仇人的情况，于是"无规则，不合伙"是我们下一个要考量的大前提。

三、"无规则，不合伙"

在本部分我们所提及的规则主要指在合伙过程中，作为指导流程并保护合伙人双方权益的硬性准则，此处仅涉及概念提出，具体内容可参考后文动力机制板块及协议规则板块。

规则在事业有序发展中起指导、约束、规范等重要作用，作为动态治理实施的灯塔，在哪片海域点燃它，都对船只安全到港是一种绝对性保护，不匹配的规则相当于自取灭亡。

在健全规章制度方面，大企业给人的感觉更多的是"约束"，小企业则更加侧重于"规范"。规范标准的制度，主要有以下两个重要作用。

第一，不仅可以让企业更规范化，而且可以让团队更职业化。

很多人说小企业最大的问题是"生存"，但实际上小企业因为业务比较单一、边际成本比大企业要低，反而比起大企业更加容易生存。因此，对于小企业来说，最大的问题并非"生存"——或者说无论大企业还是小企业，"生存"是需要考虑的，但小企业更该考虑的是团队凝聚力的问题。

对于小企业来说，在团队凝聚力方面的保持或提升，最持久有效的方式就是规范化的规章制度。

企业通过制度的规范化，还能让团队更职业化。对于一家企业来说，职业化的团队至关重要。举个例子，如果你因为企业规模小，就不去制定规范化的规章制度，那么时间一长，你的团队成员就很容易变得"懒散"，甚至还会出现一些"不诚实"的行为。

很多专卖店的管理制度之所以比普通店铺更规范，是因为其更专业，也更受消费者认可。用户的信赖感会因为企业的规范化和团队职业化而增强，这是不争的事实。

企业规范化、团队职业化，才能让企业的"生存"更持续健康。

第二，可以形成健康的企业文化，为之后的发展夯实基础。

在我接触的众多企业中，它们存在问题的原因并非管理制度不健全，也不是执行管理制度的人不够强硬，而是历史遗留问题太严重。简单来说，这些历史遗留问题就是没有企业文化或企业文化积淀不够，企业对规则制度背后的企业文化理解不够深刻。很多企业对企业文化的理解比较片面，认为只要贴几张海报、在早会上喊几句口号，或者遵照制度每隔一段时间搞几次团建就能够把企业文化给塑造起来。

但是企业文化的根本，不是贴海报，也不是喊口号。企业文化是企业从成立之初到现阶段整个发展历程中所表现出来的"气质"。例如，华为从始至终都在强调"狼性文化"，也一直秉承"军事化管理"。所以华为在面对任何危机的时候，都能够自上而下地同仇敌忾。这就是企业文化所带来的奇效。

所以在企业规模还不大、起步时间还不长的时候，就要制定好规范的制度，给企业营造一种规范、标准、职业化的工作氛围，那么在企业发展壮大之后就不会存在前面说到的改革难的问题。

阐述了广义的规则定义及其重要性后，此处我们对绩效合伙人系统规则进行简单的介绍。

绩效合伙人系统的分红模式主要有6种，即增量分红模式、虚拟股模式、实股注册模式、风险投资模式、内部交易模式、项目跟投合伙模式，须在对企业进行评估后选择最适宜的方式。在这些模式的基础上，以绩效作为动态衡量标准，以规则作为辅助。

关于合伙人，该系统有10个规则。分别是入伙三规则、利益四规则、散伙三规则。

第一，入伙三规则包括选择规则、参与规则、出资规则。

（1）选择规则。入伙时企业需要考虑两件事。第一件事是要明确通过何种工具判断价值的发现者、价值的落地者、价值的提升者和价值的变现者；第二件事是要明确只有6种人可以进行合伙，与之对应的有6种资源、资金或人力资本。要根据企业的状况量身定制。

（2）参与规则。参与规则包括出钱不出力，出力不出钱，出力后补钱，出力又出钱，出资源、出产品、出技术、出智力、做顾问几种，不同的参与规则所对应的分配方式也不相同。

（3）出资规则。出资有4种方式，即自筹资金、分红留缴、担保借款、薪酬留存。

第二，利益四规则包括干活规则、决策规则、账目规则、分钱规则。

别小看这4个与利益挂钩的规则，因为做合伙不是做公司，我们是合伙人不是股东，每个人在合伙平台里，到底应该负什么责任，如何判断面对的是重大事项、一般事项、日常事项，还是专业事项，都要界定清楚。

第三，散伙三规则包括罢免规则、退出规则、散伙规则。

散伙三规则的优势是可以对合伙人进行动态考评。不再合伙的退出方式有3种，第一种是合伙人违反了合伙协议从而被罢免，即合伙人投票之后，达到一定票数便可以让某位"下车"；第二种是主动退出；第三种是由于某些不可抗力，导致被动退出。

要根据合伙时间在哪个节点、合伙份额的获得是通过购买还是赠送，以及入伙时的资产数额和退伙时的资产数额来决定处理办法，不同的情况对应了22种不同的退伙方式，包括降职、退休、病故、因公殉职等，这套系统也梳理了相应的处理方法。

通过以上的种种，先定规则，企业就可以在极大程度上避免未来出现法律纠纷后可能产生的界定不明的问题，为企业带来更加可靠且安全的保障。

第三章
顶层设计

CHAPTER 3

第三章
顶层设计

要想做好绩效合伙人系统，一定得先从企业的顶层设计开始。在我看来，企业顶层设计就是秉承以终为始、全面布局的思维，对企业的顶层架构和发展蓝图进行全面、科学的设计，解决了价值如何创造的问题。

顶层设计这个词最早出自西方的工程学，但随着时代发展，这一理念目前已在各个领域得到普遍应用，在管理学中有一个明确的定义："以核心理念为基准，以战略性系统思考与设计为方法论——构建变革与管理能力提升的整体框架，统揽全局，抓住关键要素及主要问题，重点突破，渐进式系统推进。"在新商业时代，企业家必须具备这种设计能力，一定要学会站在最高的视角来对企业进行全面、科学的规划，正所谓：不谋全局者，不足以谋一域；不谋万世者，不足以谋一时。只有提前做好顶层设计，企业方能在不确定性的环境中，拨云见日、经久不衰、持续成功。

企业如此，国家亦然。2012年政府提出了国家治理的"两个一百年"，首次提到了改革进入深水区，从现在开始要做顶层设计。在改革开放初期，由于无前人经验可以借鉴，那时候国家的发展主要靠的是自我实践摸索，也就是"摸着石头过河""走一步看一步"，尽管付出一些代价，但只要最终拿到结果就好。也就是当时提倡的"别管黑猫、白猫，抓到老鼠的就是好猫"。新时代需要新的发展理论，如今政府提出了"绿色GDP，绿水青山就是金山银山"的概念，这就彻底扭转了过去的"唯GDP论"，通盘考虑，全面布局。这其中的转变体现了渐进式的系统推进思维，表现出了系统思考的能力。

那么企业的顶层设计具体应该怎么设计呢？根据我个人的实操经验，我认为要做好3个核心点：一是"文化落地"，二是"商业模式"，三是"战略解码"。

第一节
文化落地

很多企业家都对文化落地有认知偏差，他们认为企业文化就是做人的思想工作，是搞各种活动，是由一个个标语、口号组成的。在这种理解中，企业文化是务虚的，而非务实的，提出来并形成文字背下来或挂在墙上让人看看就可以了。

正所谓失之毫厘，谬以千里，这就造成了大多数企业家根本不重视企业文化的构建工作，往往交给人力资源部门去负责。殊不知企业文化才是企业的最高战略，是企业摆脱"只变老不长大"这个怪圈的唯一法宝。

一、企业文化的概念

企业文化是一个描述性概念，是对某些类似的思想、行为、活动等现象的统称，特点是具有历史性积淀与传承（稳定性）、周期性突破与发展（发展性）、社会性激励与约束（影响力），具有社会性、管理性、人文性、综合性等性质。

企业文化是在一定的社会历史条件下，在企业生产经营和管理活动中所创造的具有该企业特色的精神财富和物质形态。如图3-1所示，它包括企业使命、核心价值观、企业愿景、企业精神、企业产品等。

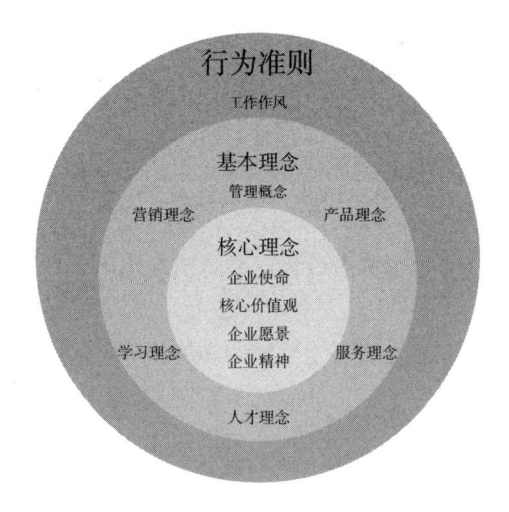

```
        行为准则
         工作作风
       基本理念
        管理概念
   营销理念        产品理念
      核心理念
       企业使命
       核心价值观
       企业愿景
   学习理念        服务理念
       企业精神
        人才理念
```

图 3-1　企业文化内容

（一）企业文化是企业系统的重要构成因素

（1）目标与战略解决了做什么、怎么做的问题。

（2）组织结构和制度流程解决了工作秩序和效率的问题。

（3）业绩测评报酬奖励解决了激励与动力的问题。

（4）企业文化解决了价值意义和行为规范的问题。

（二）企业文化是管理科学发展的必然趋势

企业文化实践始于日本，理论成于美国，于20世纪80年代被引入中国，它比以往任何管理方式都更加注重"人"的要素。

企业文化竞争是最高层次的竞争，都说三流企业靠生产，二流企业靠营销，一流企业靠文化，如果一个企业要变革，那么先变革的一定是文化，正所谓没有执行力的文化，企业就不会有执行力。

同样，管事得先从管人出发，管人得从思想入手。就像网上说的，没有淡季的市场，只有淡季的思想。只要思想不滑坡，方法总比困难多。都说竞争优势的四个维度是产品、营销、战略、文化，从国家角度出发也是一样的，富强靠经济，经济发展靠企业，企业发展靠管理，管理提升靠文化。

所以，文化落地一定是管理科学发展的必然趋势。

二、企业文化的层次结构

企业文化的四个层次结构（见图3-2）既是理解企业文化，也是判断某种企业文化是否形成的重要判断依据。

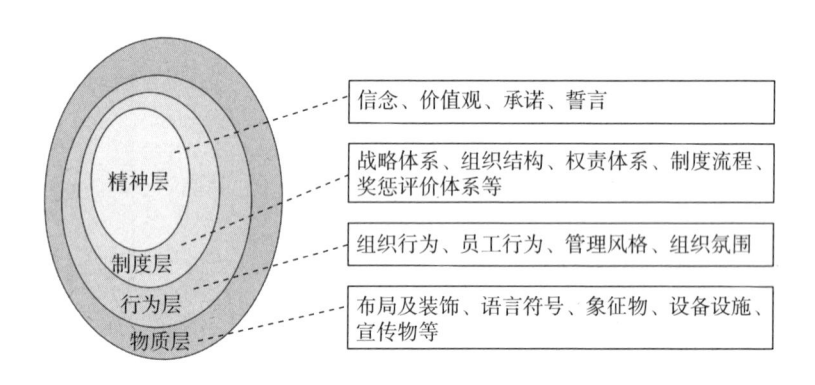

精神层：信念、价值观、承诺、誓言

制度层：战略体系、组织结构、权责体系、制度流程、奖惩评价体系等

行为层：组织行为、员工行为、管理风格、组织氛围

物质层：布局及装饰、语言符号、象征物、设备设施、宣传物等

图3-2　企业文化层次结构

制度层与物质层（见图3-3）是企业文化的重要载体，制度层是企业文化的制度性体现，物质层是企业文化的具体载体，同时二者又对企业文化有着反馈的作用。

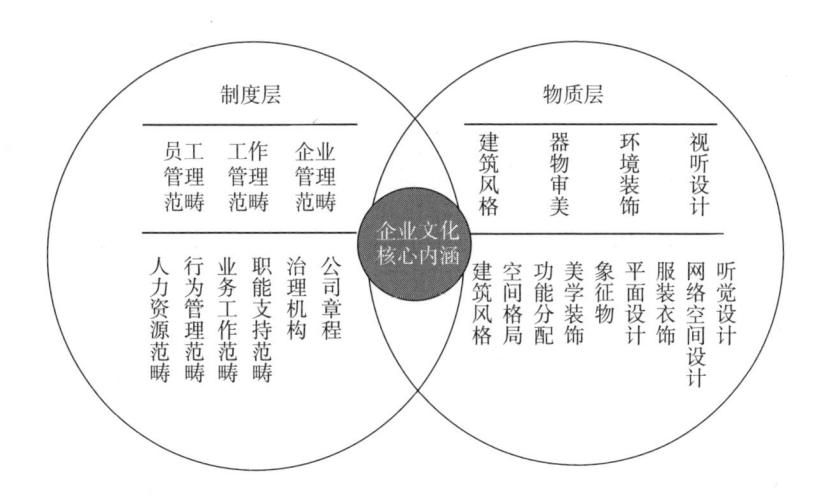

图 3-3　制度层与物质层具体内容

三、企业文化的核心内容

企业家只要真正想让企业实现基业长青，就都有绕不过去的3个基本问题。企业到底凭什么能够一直活下去？企业最终要长成什么样子？企业凭什么能够活成这个样子？这3个问题的答案就组成了企业文化的核心内容，也就是马云说的"上三路"，它包括使命、愿景和价值观。

（一）使命

使命是企业生存与发展的理由，是企业根本的、最有价值的、崇高的责任和任务，它回答的是"我们为什么而存在，我们要做什么"的现实问题，是企业成长的原动力。

使命的作用是获得社会生存的合法性，获得更多外界的理解和支持，赋予工作以价值和意义，强化内在激励，激发人的崇高感，强化其使命感和责任感，升华发展的精神境界。

（二）愿景

愿景是企业发展的理想和抱负，是企业远大的战略意图。它说明了企业的远见定位和价值追求，回答了企业"我们要成为什么样的企业"的问题，解决了企业发展方向的问题。

愿景的作用是指明企业发展方向，影响企业战略目标的设定，凝聚企业内部共识，影响内部融合和资源分配，赋予企业未来憧憬，激发员工主动追求的意愿。

（三）价值观

价值观是指企业在经营过程中坚持不懈，努力使全体员工都必须信奉的信条。价值观是企业哲学的重要组成部分，它是企业在发展中处理内外矛盾的一系列准则，如企业对市场、对客户、对员工等的看法或态度，它是企业表明企业如何生存的主张。

详细来讲，价值观的作用在于既能够提供工作的价值顺序，利于达成内部共识；又能够提供行为判断标准，利于形成一致的行为；并且它蕴含了成功经验和思维，利于作出能够成功的决策，最终达到固化企业成功思维的作用，利于企业智慧的传承。在业绩上，价值观作为价值判断标准，会影响企业决策和工作行为，进而对企业的市场行为、市场表现和未来发展产生重大影响。

这里我们为各位读者进行一个类比，方便诸位理解使命、愿景、价值观三者之间的关系。使命作为我们要达到的终极梦想是目的地一般的存在，而愿景是我们的通勤工具。在初始阶段，我们所具备的资源就是各个铁零件，然后通过努力奋斗实现了5年乃至30年的愿景规划，组装了一辆汽车，而价值观就是连接现在的企业与目的地——使命间的道路，我们坚信自己总有一天会到达那里，并且不断地为之拼搏。这就是要落地企业文化的原因，明确方向，不忘初心。

当这一套完整的"上三路"逻辑体系被用于企业文化的落地时，这家企业一定会走得更远、更稳健。当年海尔、华为、美的、联想的成长就是应用了这套发展逻辑。

案例：张瑞敏创新平台变革前的顶层思考

海尔的张瑞敏先生经过长期的思考发现，以往传统家电企业采用的做大规模、占山为王的方式，已经不能适应当下的精细化运营要求了，接下来要想企业持续成长，就必须顺势而为，激发所有奋斗者的工作激情和创业潜能，必须化整为零、化大为小，把过去的大企业分解成为很多小组织，让每个组织都具有自主的核心竞争力，他把这种变革叫作"组织自我进化"，这是统一价值观下的前进道路调整。他认为只有这样做才能重新激活整个企业的竞争力。过去的企业经营一直是以企业为中心的，而现在，任何一个企业为了进入大的互联网平台，就要重新构建自己的企业特质、企业架构，也就是要重新架构组织，要打破科层制，推倒企业墙，构建生态圈。所以，海尔内部孵化了很多小的经营组织，而且创建了一个面向全球的创新平台，打破了原来的企业管理架构。以前的组织形式是正三角形结构，最顶层是张瑞敏和他的核心管理团队，然后是各个事业部门，最后是业务部。现在翻转过来了，最高层是面向客户的业务部门，最底端是以张瑞敏为首的核心管理团队，被定义为服务于一切部门。

张瑞敏对企业的变革、对自身团队的重构时刻保持清醒的思考，这样才完成了海尔关于未来发展的顶层设计。

> **案例：华为基于顶层设计思考的制度体系**
>
> 华为在《华为基本法》"以客户为中心，以奋斗者为本"这两个企业价值观之外，又根据业务体系及人资体系发展需要，出版了《价值为纲》这本书，其中，华为的文化升级了一点——"自我批判"，同样隶属企业价值观的范畴。不难发现，华为无论怎么发展，它的业务体系、管理体系，都是围绕核心价值标准的，并将其当作顶层设计在做，这是一个好的企业能够健康成长的主要原因。

四、企业文化的重要性

企业文化是企业不可缺少的一部分，优秀的企业文化能够营造良好的企业环境，提高员工的文化素养和道德水准，并且能让企业内部自然地形成凝聚力、向心力和约束力，形成企业发展不可或缺的精神力量，对企业产生积极的作用，使企业资源得到合理的配置，从而提高企业的竞争力，那么企业文化在落地绩效合伙人系统时，究竟起到什么作用呢？

（一）企业文化具有凝聚作用

企业文化可以把员工紧紧地团结在一起，形成强大的凝聚力与向心力，使员工万众一心、步调一致，为实现目标而努力奋斗。事实上，员工形成凝聚力与向心力的基础是企业的目标明确。企业文化的凝聚作用来自企业根本目标的正确选择。如果企业的目标既符合企业的利益，又符合大多数员工的个人利益，即集体与个人双赢，那么这个企业凝聚力产生的利益基础就具备了。否则，无论采取哪种策略，企业凝聚力的形成都只能是一种幻想。

（二）优秀的企业文化具有吸引作用

优秀的企业文化，不仅对员工具有很强大的吸引力，对合作伙伴如客户、供应商、消费者及社会大众都有很大的吸引力。

优秀的企业文化，在稳定人才和吸引人才方面也起着很大的作用。同样的道理，合作伙伴也是如此，在同样条件下，没有人不愿意去一个更好的企业工作；也没有哪一个客户不愿意和更好的企业合作。这就是企业文化的吸引作用。

（三）企业文化具有导向作用

企业文化就像一根无形的指挥棒，让员工自觉地按照企业要求去做事，这就是企业文化的导向作用。企业价值观与企业精神，发挥着无形的导向功能，能够为企业和员工提供方向与方法，让员工自发地去遵从，从而把企业与个人的意愿和愿景统一起来，促使企业发展壮大。

案例：宝路集团

专注于宠物食品的宝路集团的发展与口碑，离不开其对企业使命的长期坚守。宝路集团3个创始人非常热爱动物，进入宠物食品行业后，致力于产出高质量的宠物食品。在企业发展初期，行业处于一片蓝海，到后期，大批竞争对手涌入，宠物食品行业已然步入市场红海期。创始人迫于激烈的竞争，开始打"价格战"，以达到销售额的提升。但长期下去，打"价格战"是非常有难度的。

最终，创始人决定向咨询公司寻求帮助。咨询公司就问他们一句话："你们当时进入宠物食品行业的初心是什么？"追本溯源，他们回忆着当初进入此行业，来自内心最深层次的对动物的热爱，希望动物吃上最好的食品。咨询师接着进行追问："那现在企业在做什么？"

这就是当时著名的英特尔之问。面对企业的困惑，其实问对问题就很容易解决：你的初心是什么？你现在做的有无背离初心？放到你第一次进入这个行业的时刻，你会怎么做？找到最初的初心使命，指引下一步的战略布局。英特尔在面临硬件瓶颈时，就问一个问题：如果我们今天第一次进入这个行业，我们该怎么做？思考过后，内心已有答案，放弃现在所有落后的产品，专注做芯片。为何说当局者迷？因于当时处境，对落后的产品，食之无味，弃之可惜。这就是为何当遇到瓶颈的时候，很多企业选择向咨询师寻求意见，通过第三方的点拨，可以破局。不是他比你聪明，而是因为思考问题的角度不同，以旁人的角度看问题，理性且不掺杂对产品的感情，具备一定的客观性。

所以宝路集团从此开始改变策略，不再打"价格战"，甚至推出的广告告诉全美国的人民：如果在街边发现流浪狗和流浪猫，请送到我们这里来。宝路集团还打出广告语：所有的养宠物的消费者，除非你能证明像我们3个一样热爱动物，否则不要买我们的产品。消费者有一种逆反心理，越不让买就越容易消费，同时真心热爱动物的消费者对其企业品牌慢慢建立起信任。

自此后，宝路集团开始告诉所有的员工，企业一定要坚持的初心是什么。所以在招聘员工时，是否发自内心热爱动物也是其重要的衡量指标。之后宝路集团征集"我和我的宠物的故事"，拍一张照片，全美国评奖100万美元，百万美元要求这个主人不能高高在上牵着他的宠物，必须单膝跪地，与宠物深情相视。活动举办得十分成功，使其产品在销量竞争中远超对手。

（四）企业文化具有激励作用

优秀的企业文化在无形中对员工起着激励和鼓舞的作用，良好的工作氛围，自然就会让员工享受工作的愉悦，如果在一个相互扯皮、勾心斗角的企业里工作，员工自然就享受不到和谐与快乐，反而会产生消极的心理。企业文化所形成的文化氛围和价值导向是一种精神激励，能够调动与激发员工的积极性、主动性和创造性，把员工的潜在智慧诱发出来，使员工的能力得到全面发展，增强企业的整体执行力。

（五）企业文化具有约束作用

企业文化本身就具有规范作用，企业文化的规范作用体现在道德规范、行为规范和仪式规范上。当企业文化上升到一定高度的时候，这种规范就会生成一种无形的约束力，它让员工明白哪些不该做、不能做，这正是企业文化发挥"软"约束作用的结果。通过这些软约束，员工的自觉性、积极性、主动性和自我约束便会得以提升，从而使员工明确工作意义和工作方法，最后提高其责任感和使命感。

案例：强生"召回门"事件

2010年，强生"召回门"事件引起社会广泛关注。2011年1月14日，强生宣布再次大规模召回问题药品，涉及超过4500万件药品。连续不断的召回让强生疲于奔命。强生此次召回的药品包括儿童用泰诺、8小时泰诺、泰诺关节炎止痛片、可他敏、速达菲、派德等多种非处方药。

伴随这次召回，强生在美国还陷入涉嫌隐瞒"召回门"的丑闻。

美国俄勒冈州起诉强生公司及其子公司麦克尼尔（McNeil Consumer Healthcare），称强生雇用其他公司为其从药店秘密购买存在缺陷的药品。

2010年以来，这已是强生第八次进行大规模召回。值得注意的是，问题药品都来自麦克尼尔位于宾夕法尼亚州的工厂。由于连续陷入"召回门"给强生带来了重大打击，2010年前3季度，强生营业收入从2009年的17亿美元下降到13亿美元。整个2010年，因"召回门"事件，强生预计损失6亿美元。

事情起因是强生总经理在凌晨时接到研发总监的电话，研发部长期跟踪发现有一款止痛药，患者长期服用会对肝产生一些不好的影响。根据国际惯例，有3种对应做法。第一种，因为还没有充分证明，并不存在违法行为。第二种，前往药监局报告，达成共识，今后再生产此产品时，上面贴一个标签：本产品长期服用对肝会有一定影响，肝不好的人慎用。就如烟盒上面标识"吸烟有害健康"一样，对使用者进行提醒。第三种，全部召回。其中的利弊十分明显，第一种处理方式对企业存在潜在影响；第二种，尽到基本道义，但营业额受到部分损失；第三种，全部召回，损失最大。经过两三天的高层大会讨论，强生决定全部召回该药品。

强生其实可以不用全部召回该药品，作为竞争对手的辉瑞制药，同期也存在此问题，并且未曾全部召回药品，但为何强生选择这样的应对方式？实际上3种做法并没有绝对的对与错，不过是强生对其"使命宣言"一直保持着恪守坚持的态度。强生创始人提出的使命宣言如下：我们相信我们首先要对病人、医生和护士，对父母亲及所有使用我们的产品和接受我们的服务的人负责。

（六）企业文化具有竞争力的作用

一个好的企业文化，可以带动企业的健康发展，员工的积极性被调动，工作起来更有热情，同时提高了生产效率，对企业的效益的提高，注入了新的力量，企业无论软实力还是硬实力都会随之增长。

（七）如何塑造企业文化

1.动员宣传，使企业员工认识到企业文化的重要性

为了使员工对企业文化及其作用有共同的理解，可以通过讲座、媒体、参观等一系列的方式统一大家的认识。

明确企业文化建设的目的。目的不同，企业文化建设的要求就不一样。有的是为了塑造企业高品位形象，有的是为了改变企业现存的不良风气，还有的是为了打造一支具有强大凝聚力和战斗力的员工队伍。

2.梳理文化理念

梳理文化理念包括先聘请专家对高层进行访谈，然后通过问卷或座谈、访谈、讨论或专家引导等形式缩小员工认识上的差异，再围绕基本理念，逐步填充和明确企业的经营理念、管理理念和公共关系理念。

3.文化理念的宣传贯彻和落实

短期宣传可以召开企业文化宣传专题会议，或者通过设计板报、案例讨论、评比榜样等形式进行；长期宣传可以印刷企业文化宣传手册，达到人手一份，要求员工反复学习。企业文化是指导员工行动的指南，因此还必须要求员工付诸行动，使员工的行为与企业理念保持一致。

4.转化为相应的制度

优秀的文化要落到纸面，让大家有法可依，有章可循。尤其对于人力资源制度来说，招聘、培训、考核、薪酬、任免、奖惩等，都应该体现出公司的企业文化。

5.理念故事化，故事理念化，并进行宣传

理念故事化指企业在导入新的企业文化时，首先应该根据自己提炼的理念体系，找出企业内部现在或过去相应的先进人物、事迹进行宣传和表扬，并从企业文化的角度重新阐释。人们对海尔张瑞敏"砸冰箱"的故事耳熟能详，这就是理念故事化的典范。

故事理念化指在企业文化的长期建设中，先进人物的评选和宣传要以理念为核心，注重从理念方面对先进的人物和事迹进行提炼，对符合企业文化的人物和事迹进行宣传报道。

例如，按照企业文化的要求进行先进人物的评选，并在公司内部和相关媒体进行广泛的宣传，让全体员工都知道为什么他们是先进，他们做的哪些事是符合公司的企业文化的，这样的榜样为其他员工树立了一面旗帜，同时也使企业文化的推广变得具体而生动。

6.跨越沟通，让你离员工更近

高层管理者是企业文化的设计师和宣传员，既是建设者，也是传播者。不要离你的员工太远，要抽出时间与员工沟通，并适时地传播企业文化，倾听他们的意见和建议，这样不仅能使你更具亲和力，而且能让你更了解基层的真实情况。

7.以身作则，最为关键

（1）高层管理者要以身作则。一些企业的高层管理者总感觉企业文化是为了激励和约束员工，其实更应该激励和约束的，恰恰是那些企业文化的塑造者，他

们的一言一行都对企业文化的形成和推广起着至关重要的作用。

（2）从点滴做起。很多企业在进行企业文化塑造时，喜欢大张旗鼓地开展一些活动、培训和研讨，其实企业文化的精髓集中在企业日常管理的点点滴滴上。作为企业员工，都应从自己的工作出发，改变自身的观念和作风，从小事做起，从身边做起。

五、如何提炼企业使命

（一）企业使命的定义

企业在制定战略之前，必须先确定企业使命。

企业使命是企业对自身和社会发展所作出的承诺，企业存在的理由和依据，是组织存在的原因。美国著名管理学家彼得·德鲁克认为，为了从战略角度明确企业的使命，应系统地回答下列相关问题：

（1）我们的事业是什么？

（2）我们的顾客是谁？

（3）顾客的需求是什么？

（4）我们用什么特殊的能力来满足顾客的需求？

（5）如何看待股东、客户、员工、社会的利益？

（二）理解企业使命

我们可以从以下两个方面理解企业使命。

1. 企业使命实际上就是企业存在的原因

企业使命是企业生存的目的定位。无论这种原因是"提供某种产品或服务",还是"满足某种需要"或"承担某个不可或缺的责任",如果一个企业找不到存在的合理的原因,那么企业就存在很大的经营问题,也许可以说这个企业"已经没有存在的必要了"。就像人需要经常问问自己"我为什么活着"一样,企业的经营者也应当将企业存在的原因了然于胸。

2. 企业使命是企业生产经营的形象定位

企业使命反映了企业试图为自己树立的形象,诸如"我们是一个愿意承担责任的企业""我们是一个健康成长的企业""我们是一个在技术上卓有成就的企业"等,在明确的形象定位指导下,企业的经营活动就会始终向公众昭示这一点,而不会"朝三暮四"。

企业使命是企业存在的目的和理由。明确企业使命,就是要确定企业实现愿景目标必须承担的责任或义务。

企业使命首先界定了企业愿景概念作为基础,其次将其具体地定义到"企业在经济领域的经营活动"这个范围或层次。

(三)企业使命设定的两个原则

德鲁克对管理所下的经典定义为:"管理就是界定企业的使命,并激励和组织人力资源去实现这个使命。"界定使命是企业家的任务,而激励与组织人力资源是领导力的范畴,二者的结合就是管理。使命感和责任感是个人和组织建功立业的强大动力,也是古往今来能成就伟大事业的强者的共同特征。

很多企业都明确了自己的使命,但很多企业的使命都没有转化为企业的自觉行为，没有成为凝聚企业全体成员的感召和动力。影响使命转化的要素是多方面的，核心为二：一是企业使命的合理性，二是企业使命是否真诚。

1.企业使命的合理性

使命的确立有其方法，但现在的管理教材在谈到企业使命的重要性时，都只谈使命的重要性，或列举一些企业使命的陈述作为案例，没有讲述如何去确定适合企业的正确而合理的使命。

使命的形成过程是在主体和环境之间展开的，要解决主体意愿和环境之间的矛盾，解决其可能性的问题。通过对各类信息的综合分析，了解需求的容许范畴，并对其作出可用与否和能用与否的检验，明确什么时间、什么空间、哪部分人群、干什么事最有意义、最符合客观环境的核心条件。只有既可用（物质性）又能用（能动性）的使命，才是切实的。由此形成的使命才有实际意义。

使命反映的是企业应当而且可以承担的重大社会责任。只有企业能胜任，且能被环境所接纳的重大社会责任，才能成为企业的使命。使命要有针对性且不是一成不变的，它是一个历史的范畴、动态的概念，在不同时期有不同的内涵。

2.企业使命是否真诚

企业使命应是企业管理层发自内心的一种自觉的意识。现在很多企业的使命是写给客户、员工和社会看的，只是为了"装饰"，不是企业管理层自觉的意识。这种企业使命是虚假的使命，所以起不到应有的作用。

一个企业的使命必须是企业能胜任且能被环境所接纳的责任，它要符合所选择事业发展的趋势。确立使命的过程应是自觉的、真诚的，并且企业所有的行为都应围绕它进行，如此才能被客户、员工和社会所认可与接纳，才能激励企业的员工为实践它而奋斗。

（四）企业使命案例

（1）迪士尼公司——使人们过得快活。

（2）微软公司——致力于提供使工作、学习、生活更加方便、丰富的个人电脑软件。

（3）索尼公司——体验发展技术造福大众的快乐。

（4）惠普公司——为人类的幸福和发展作出技术贡献。

（5）耐克公司——体验竞争、获胜和击败对手的感觉。

（6）沃尔玛公司——给普通百姓提供机会，使他们能与富人一样买到同样的东西。

（7）IBM公司——无论一小步，还是一大步，都要带动人类的进步。

（8）联想电脑公司——为客户利益而努力创新。

（9）万科（宗旨）——建筑无限生活。

六、如何提炼企业愿景

企业家要关注自己企业的愿景是否能经常让自己热血沸腾，甚至热泪盈眶；能否经常让自己为之彻夜难眠；能否让自己有一种热情、一股冲动，想将它与自己的员工分享。如果没有，我们劝你要考虑将你的企业愿景进行修改了！

愿景的哲学意义建立在"你想成为什么，所以你能成为什么"上，而不是在

"你能成为什么,所以你想成为什么"上。

(一)企业愿景四方面的内容

(1)企业愿景使整个人类社会受惠受益。例如,有些企业的愿景就表达出企业的存在就是要为社会创造某种价值。

(2)企业愿景能实现企业的繁荣昌盛。例如,美国航空公司提出要做"全球的领导者",这就是谋求企业的繁荣昌盛。

(3)企业愿景使员工能够敬业乐业。

(4)企业愿景使客户心满意足。客户满意是最基础的愿景,因为客户是企业获得成功的最重要的因素,如果客户不能认同企业的愿景,那么愿景也就失去了意义。

由于企业不仅是企业管理者的企业,也是员工、合作伙伴和社会的企业,随着企业走向发展和壮大,企业必须经历迈向社会化的过程。

(二)企业愿景规划的维度和原则

企业愿景规划的两个维度是行业规则和发展野心(见图3-4)。

企业愿景的特点如下:企业愿景以企业自身为焦点,清晰描述企业最终要在整个社会及商业系统中的角色定位。愿景不能飘,一定要落地,因为愿景接下来承接的就是战略。

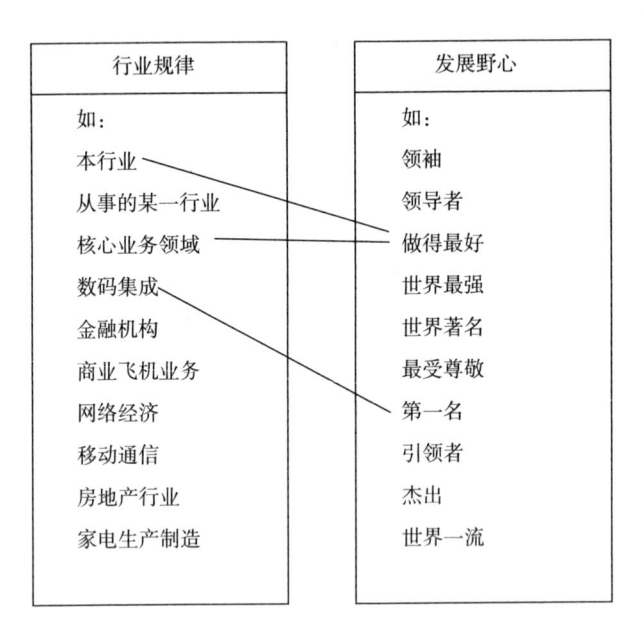

行业规律	发展野心
如：	如：
本行业	领袖
从事的某一行业	领导者
核心业务领域	做得最好
数码集成	世界最强
金融机构	世界著名
商业飞机业务	最受尊敬
网络经济	第一名
移动通信	引领者
房地产行业	杰出
家电生产制造	世界一流

图3-4　企业愿景规划的两个维度

合格的企业愿景规划包括两部分：

（1）30年企业梦想蓝图的文字化表述，包括关键财务数据、关键客户数据、关键内部运营数据、关键学习成长数据、团队成长数据及社会价值数据6个维度。

（2）由上一部分内容最后汇聚成一句话，也就是一个"胆大包天"的目标，那就是企业愿景的简洁化描述。

七、如何提炼企业价值观

企业价值观是企业文化的核心。企业价值观即"一个企业本质的和持久的一整套"原则。它既不能被混淆于特定企业文化或经营实务，也不能向企业的财务收益和短期目标妥协。

核心意识形态使企业纵然历经时代的变迁也能够保持其完整性，任何改变企业未来的尝试都应该遵循企业的核心意识形态要求。核心意识形态包括两部分内容。

（1）企业价值观，即一整套企业经营指导规律和原则。

（2）核心目标，即企业存在的最基本的原因。

企业价值观是企业本质和永恒的原则。作为企业经营的一套永恒的指导原则，企业价值观不需要获得外部的认证，它对企业员工具有重要价值。

（一）企业价值观包含四方面的内容

（1）企业价值观是判断善恶的标准。

（2）企业价值观是一个群体对事业和目标的认同，尤其是认同企业的追求和愿景。

（3）企业价值观是在认同企业的基础上形成的对目标的追求。

（4）企业价值观形成一种共同的境界。

（二）制定企业价值观的标准

真正的企业价值观必须符合如下标准。

（1）它必须是企业核心团队或企业家本人发自内心的"肺腑之言"，是企业家在企业经营过程中身体力行并坚守的理念，如有些企业的价值观中有"诚信"的字眼，但在实际经营过程中并没有体现出诚信的行为，那么它就不是这家企业的价值观。从这个角度说，价值观的确定不能盲从，世界500强企业的价值观不一定就是你的企业的价值观，如创新、以人为本或追求更好等，它可以是你的企业的价值体系的一部分。

（2）企业价值观必须是真正影响企业运作的精神准则，是经得起时间考验的，因此它一旦确定下来就不会轻易改变。

（3）所谓核心，就是指最重要的关键理念，数量不会太多，通常是5~6条。

八、每家企业的文化基因都是独一无二的

如何建设企业的文化系统？在解答这个问题上，没有完全通用的模板，如果你认为套用一下其他企业的模式，进行微调就可以了，那就大错特错了。企业文化一定是自上而下贯彻落实的核心思想，一定都是进行过特色改造的。

所以要有所执，也要有所变，才能谋求发展而不忘初心，把企业做大、做强。

放在企业文化建设当中，我们所说的"基因"二字实质上就是创业者的意志。简单来说，大部分企业都是一步步发展而成的，尤其是在企业初创阶段，创业者的行事方式会深刻贯穿在企业的日常运营当中。如果创业者的思维方式明显陷入误区，一般来说，企业也很难做大、做强。当然，很多创业者在发现自己的现有思维方式及能力无法支持他们继续壮大企业、支持企业的正常发展和良性运转时，他们就会借助"外脑"来帮助企业重新回到正轨，如聘请CEO或第三方咨询公司，这些都是相对稳妥的选择。但是无论怎样，创业者的做事风格，奉行的理念，一定在企业运营中有迹可循。

无论什么样的企业文化都有一个共同点，它的使命、愿景、价值观一定是企业员工所认同的。从这一点上进行进一步思考，企业文化与企业管理是息息相关的。一方面，企业文化是由企业管理者所塑造、倡导的，处于从属地位；另一方面，企业文化又能作用于企业管理。

企业文化一旦形成，它就可以发挥导向、约束、激励等作用，特别是企业的软文化，如价值观等，其产生的影响更为突出。

如果一个企业的管理者是从本企业基层一步一步走过来的，那么，本企业的

第三章 顶层设计

企业文化已经对他产生了潜移默化的影响,从而影响他的决策和价值取向;如果企业管理者或职业经理人是外调的,由于企业文化具有惯性,现有企业文化会和企业管理者或职业经理人的原有观念在某些方面发生冲撞,双方会有一个互相影响、不断调适的过程。

案例:以诚信为本的舒工坊

浙江省有一个著名的内衣针纺品牌——舒工坊,其创始人顾小光在人生的几个阶段一直恪守着以诚信为本的理念,该品牌在创立的十几年内对于品质的要求从未降低。

20世纪90年代,顾小光在诸暨大唐百货旁边经营一家"小光烟酒行",当时有同行通过贩卖假烟赚取差价,但是顾小光坚持以诚信为本的理念,靠着多年经营的经验分辨香烟的真假进货,在卖出的每包香烟上都签上自己的名字,假一赔十,令顾客放心,小店生意十分兴隆,凭借的就是口碑积累。

2000年左右,时代红利巨大,顾小光勇于求变,转让了自己的店铺,进军袜子生产外贸领域。靠着自己敏锐的商业嗅觉,2002年,其创办的亿文袜业携手七匹狼品牌,打造七匹狼的针纺产品,并且首次向经销商收取诚信保证金,这是创始人理念的一种贯彻。

在他指导企业经营了10年左右时,由于员工的疏忽,在质检过程中发现了一批不合格产品,当时整个企业早已视产品质量为最重要的标准,他一声令下,1.3万余件产品被当场销毁。全体员工被要求出席观看整个销毁过程,并以此为耻,明确了将诚信作为企业文化的根本出发点,这件事在每个经历了那次事件的员工心中都埋下了种子,生根发芽。

企业管理者都应该深入思考自己与企业文化之间的联系，这里我们也可以借鉴 Meta 的"黑客"企业文化的建立过程，从自己出发，贡献出自己面对问题的行为及态度，从中提炼出关键词，贡献出讨论最多的词汇，把它串联成一个故事，这也可以成为企业文化建设的切入点。

九、找出企业发展已久的文化基因（企业价值观）

（一）发掘企业价值观的 7 个问题

通过不断发掘企业价值观的有关问题，不断地去延伸、探讨、发现和提取全体员工真正共同追求的价值观，你会发现聚集在你身边的这批人是那么有凝聚力，从而产生巨大的团队力量。这些问题有如下 7 个：①我们在此是为了什么？②我们在此是为了谁？③我们来自何处？④我们现在在哪里？⑤我们现在是谁？⑥我们又将到哪里去？⑦未来成功的关键因素是什么？

在具体实践中，我们提供 5 个步骤。

第一步，先从为人处世的各方面引导，追问自己"什么对我最重要"。例如，是高标准最重要，还是诚信或责任最重要。

第二步，不断地问"为什么重要"。如果这些标准连自己都说服不了，那么这个价值观就不是自己内心真正认同的价值观。

第三步，继续问"除此之外，还有什么是我觉得重要的"，然后再问"为什么"，不停地追问自己，直到说出所有能说出的价值观。

第四步，把这些价值观全部列出来，然后把自己认为最不重要的划掉，剩下大约 10 个价值观。同时，也需要考虑下面的问题并形成共识："如果是管理者违反了价值观，我们能坚决地处理吗？""这些价值观是影响我们生死存亡的吗？"

哪些价值观被违反是大家坚决不能容忍的，会影响团队生死存亡的，哪些价值观才是大家必须遵守的。

第五步，对这些价值观重新进行排序，选出自己认为对企业来讲最重要、最核心的价值观，同时选出最希望员工做到并能够做好的价值观，最终留下3~6个最重要的价值观（太多不易牢记、不易复制）。

（二）价值观表述的6个维度

价值观表述的6个维度如下：

（1）面对客户，我们的行为及态度。

（2）面对同事，我们的行为及态度。

（3）面对自己，我们的行为及态度。

（4）面对变化，我们的行为及态度。

（5）面对困难，我们的行为及态度。

（6）面对成长，我们的行为及态度。

（三）价值观的应用

> **案例：阿里巴巴员工的价值观行为准则评分标准**
>
> 阿里巴巴员工的价值观行为准则评分标准有如下9条。
>
> 1.Customer First（客户第一）
>
> 1分：尊重他人，随时随地维护阿里巴巴形象。

2分：微笑面对投诉和受到的委屈，积极主动地在工作中为客户解决问题。

3分：在与客户交流的过程中，即使不是自己的责任，也不推诿。

4分：站在客户的立场思考问题，最终使客户满意。

5分：具有超前服务意识，防患于未然。

2.Teamwork（团队合作）

1分：积极融入团队并乐于接受同事的帮助，配合团队完成工作。

2分：主动给予同事必要的帮助；碰到困难时，善于利用团队的力量解决问题。

3分：决策前积极发表个人意见，充分参与团队讨论；决策后，个人无论是否有异议，都必须从行动上完全予以支持。

4分：能够客观认识同事的优缺点，并在工作中充分体现"对事不对人"的原则。

5分：能够以积极正面的心态去影响团队，并改善团队表现和氛围。

3.Teach&Learn（教学相长）

1分：掌握与本职工作有关的业务知识和技能。

2分：能够虚心请教，不断充实业务知识，提高业务技能。

3分：在团队中积极主动地与同事分享业务知识，交流工作经验。

4分：担任公司的内部讲师，并获得学员一致好评。

5分：代表公司担任业界授课讲师，并获得学员一致好评。

4.Quality（质量）

1分：没有因工作失职而造成重复错误。

2分：始终保持认真负责的工作态度。

3分：帮助客户解决疑难问题并获得客户的积极认可。

4分：用较小的投入获得较大的工作成果。

5分：不断突破过去的最好表现。

5.Simplicity（简单）

1分：诚实正直。

2分：遵循必要的工作流程。

3分：表达与工作有关的观点时，直言不讳。

4分：做事情充分体现以结果为导向。

5分：遵循但不拘泥于工作流程，化繁为简。

6.Passion（激情）

1分：喜欢自己的工作，认同阿里巴巴企业文化。

2分：热爱阿里巴巴，不计较个人得失。

3分：面对日常工作持之以恒，并不断尝试提升业绩。

4分：碰到困难和挫折的时候不退缩。

5分：在困难和挫折中，不断寻求突破，并获得成功。

7.Open（开放）

1分：能进行必要的工作交流。

2分：通过正确的渠道和流程，准确表达自己的观点；表达批评意见的同时能提出相应建议。

3分：在交流中能认真倾听别人的观点，即使是不同观点，也能抱着"有则改之，无则加勉"的态度虚心听取。

4分：能积极吸取别人好的观点，并能够发表不同意见。

5分：不但积极吸收，还积极与同事分享正确且正面的观点。

8.Innovation（创新）

1分：适应工作环境的变化，并付诸行动。

2分：不断改善个人工作方式方法，使个人绩效得以持续提升。

3分：乐于接受变化，并以积极正面的态度参与其中。

4分：能提出与本职工作密切相关的建议，从而提升团队绩效。

5分：创造变化，并给公司业绩带来突破性的提高。

9.Focus（专注）

1分：上班时间只做与工作有关的事情。

2分：能按时保质保量完成本职工作。

3分：能根据轻重缓急来正确安排工作优先顺序。

> 4分：面对变化，能够坚持公司目标。
>
> 5分：懂得必要的取舍，并获得成功。

第二节
商业模式

企业想要持续发展，寻求好的项目、产出优良的产品就成了必然。随着科技的发展和时代的进步，新产品越来越多，同质化问题在整个市场中愈加严重，由于竞争者间的差异并没有那么大，企业很难单纯靠产品取胜，那么竞争的关键便转向了是否拥有一个好的商业模式，它是串联资本、团队、客户的最佳选择。没有好的商业模式，资本不会选择你；没有好的商业模式，团队不会跟你干；没有好的商业模式，客户也不会选择你。

为什么很多曾经烜赫一时的品牌逐渐销声匿迹，与此同时，一个个新兴品牌蓬勃发展，在行业中占据一席之地，它们依靠的是技术的创新，更是商业模式的创新。例如，在智能手机崛起的大潮下，原本占据市场绝大部分份额的诺基亚慢慢退出历史舞台，苹果、华为等新生手机品牌竞相角逐；品牌门店的生存空间不断被打压，民众在线上购物的热情高涨，动手点击外加送货上门的模式，对如今忙碌的人们来说更加适宜；在网约车行业中，整合了诸多小平台的高德，其庞大的车源和低廉的价格使其成为很大一部分群体出门的选择；京东较淘宝、拼多多等网上商城，它的"服务性"在产品配送、会员利益等方面的优势也是独家的。各位读者可以仔细回想一下，当你在进行合作或消费时，你所作决策的依据是否来自它优秀的商业模式，便能窥见其重要性了。

著名经济学家郎咸平说：商业模式是关系企业生死存亡、兴衰成败的大事。企业要想获得成功，就必须从制定成功的商业模式开始，成熟的企业是这样的，新的企业是这样的，发展期的企业更是这样的，商业模式是企业竞争制胜的关键，是商业的本质！

管理大师德鲁克也曾说过：当今企业之间的竞争，不是产品之间的竞争，而是商业模式之间的竞争。

那么，究竟什么是商业模式？

一、商业模式的定义

商业模式是指为实现各方价值最大化，把影响企业运行的内外部各要素整合起来，形成一个完整的、高效率的、具有独特核心竞争力的运行系统，并通过最好的实现形式来满足客户需求、实现各方价值（各方包括客户、员工、合作伙伴、股东等利益相关者），同时使系统达成持续盈利目标的整体解决方案。

它描述了一个组织创造、传递及获得价值的基本原理（见图3-5）。

- 创造价值是基于客户需求来提供解决方案的。

- 传递价值是通过资源配置、活动安排来交付价值的。

- 获取价值是通过一定的盈利模式来持续获取利润的。

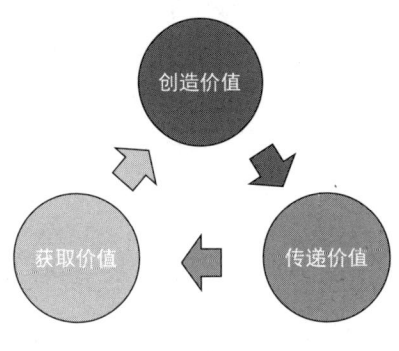

图 3-5　商业模式

二、什么是"好的"商业模式

（一）长远的眼光

人无远虑，必有近忧，凡事不能贪图眼前的小利，而耽误了长远的计划。一个良好的商业模式，不能将盈利作为唯一准则，否则就有可能陷入丢了西瓜捡芝麻的窘境，这个问题常常会在企业选择职业经理人进行管理的情况下出现，这也是我们推崇合伙人制度的原因。

选择职业经理人的模式有个先天的弊病，那就是企业的股东大多看重的是该经理人在职期间企业的盈利情况，这就意味着这些经理人不得不更加关注眼前的利润而不是长远的发展，两者能兼顾者少之又少。

一个能够兼顾长远发展的商业模式应该将顾客利益放在首位，其次是企业利益，再次是员工利益，最后是股东利益，让管理层为下层服务，下层为企业服务，企业为顾客服务，在全过程中再定下以长期业务为主旋律、短期业务只是前奏的基调，那么最终这种良好的商业模式，必将反哺企业。在这里，可以将其与我们前面所讲的使命与愿景的关系进行对比，使命作为最终目的，愿景只是在达到目的过程中的小的里程碑，而盈利会在企业达到一个又一个里程碑的同时，理所当然地顺势出现。

（二）操作的空间

一个良好的商业模式更多时候是锦上添花，而不是雪中送炭。这么讲并不是说良好的商业模式改变不了大局，销售额七八亿元的香飘飘在与销售额30亿元的优乐美的竞争中获胜就是案例，只是赛道的选择、对核心顾客的定位，会影响企业的操作空间。给你几千兵马，对攻过万大军，多半是不成的，如霍去病这般者，古来少之。

好钢用在刀刃上，良好的商业模式就应该配上充满潜力的市场和消费力强的用户，这意味着财源广进，前景无限。

那么如何发掘出有潜力的市场？

第一点，关注产品的细分程度。一个行业如果精细化到了每个细枝末节，且都有相关的企业满足用户的该类需求，那么其竞争将是极其激烈的，就如同样是洗面奶，有针对干皮、油皮、混合皮、敏感皮、中性皮的，市场的饱和程度可想而知。

第二点，关注用户需求的多样性。需求多样意味着选择可变，选择可变意味着机会多。举个例子，女性的审美变化，永远是个谜。身为一个已婚男性，我经常会陷于A衣服好看还是B衣服更潮流的抉择中，答案不重要，当然数十年来我也不大确定，但是我知道在这一件件ABCD的选项里，充斥着商机，服装业永远都有机会。

第三点，关注市场的垄断程度。关于这点，我认为就无须赘述了。

第四点，关注品质与服务。当产品同质化成为定局，那么品控和服务就是关键。与第一点类似，一个行业细分后，在产品精美的同时附加极为周到的服务，那么这个行业空间就极为狭小了。

选择有消费力的用户是一个初始预设。就类似各位读者在平时刷短视频时，系统会通过你的播放时长、点赞、评论量从而分析你的爱好，同时推送相应标签的短视频，这是一种先入为主的模式，所以做好预设与定位非常关键。

（三）模式重构

模式重构意味着变化，将现有经营方式或资源重新组合，展现出一种全新的模式，以一种更便捷、高效的方式为用户提供更好的服务。

一个良好的商业模式具备着其独一无二的特性。每个行业所处的环境、对应的消费者都存在着巨大的差异，这些差异就决定了企业的商业模式存在多种形态，但是最终它们所带来的价值的源头都可以从两个角度去探寻：一是为用户提供满足需求的新方法，更迅速、更便捷、更全面；二是将原有的经营模式中的环节重构，通过将本身掌握的资源进行再配置，让原有客户获得额外的利益，或是在原有利益不变的情况下价格更低。

关于提供新方法，为了方便读者理解，这里举个例子说明：随着个人计算机的出现，信息革命由此开始，但是早期的个人计算机存在技术壁垒，那就是软件与硬件平台捆绑，这显然是不方便的。面对这一情况，微软通过技术革新，使软件从硬件体系中成功脱离，满足了其能在不同品牌个人电脑上运行的需求。之后，微软通过专利技术、销售外包等方式开拓市场，打造了软件市场的新格局，由于这种模式极大地满足了用户的需求，因此，传统硬件厂商所有的抵制行为都失去了效用，微软获得了巨大的成功。

经营模式中的环节重构，发生在产业链当中，如国家为了降低居民生活日常的医药成本，采取两票制，减少了从药厂生产到居民买药的中间环节。类似的，著名的钢铁全产业链电商平台找钢网，从原本的钢厂、大代理商、中间商、零售商、终端用户的产业链入手，发挥其找货快、比价快、议价能力强的优势，从大代理商和中间商的环节切入并替代，将物流效率提高，找到了自己独特的商业模式。

（四）核心竞争力的打造

一个良好的商业模式离不开核心竞争力的打造，这是老生常谈的话题，许多企业都一直以此为宗旨，但是投入亿万元资金，却好似打落水中的石子，溅不起一点浪花，这样的案例比比皆是。

核心竞争力应该如何打造？

打造核心竞争力应该从两点出发：长板效应和资源整合。具体来说，就是发掘优势，利用优势，加强优势，最终形成品类壁垒。

1.长板效应

众所周知的木桶效应描述的是一个木桶能盛多少水取决于最短的那块板，与之相反，企业在打造自身的核心竞争力时要注意的是最长的板，将企业最大的优势发挥到极致，那就是自身独一无二的竞争力。实际上每个行业都有着其内部规律，每个公司也有着其独特的基因，我们不是停止发展其他有前景的产品，而是能作为核心竞争力的应该是一种成熟的、我们赖以生存的独特优势，无论未来往哪个方向前进，前提都是不能摒弃原本最擅长的东西。

1995年开始，索尼当时的CEO出井伸之提出索尼不应把自身局限于硬件开发，软件产品、娱乐项目、金融项目均能涉足，于是开始进行商业模式调整，从原来的"以技术为本"转向"以多元化发展为本"，在这个过程中，各个重要的业务部门被拆分成了25家小型企业。设身处地去思考，彼时全球股市发展的势头极佳，拆分业务部门的选择自然受到投资人的欢迎，因此我们并不评判拓展业务的对与错，只是单独谈论索尼放弃了自身"技术开发"的创业基因，在技术研究与创新上的投入持续减少，导致内部技术人才大量流失。同一时间，索尼的竞争对手，如苹果、三星等通过长期坚守技术研发，在新技术上逐渐领先。2014年2月6日，索尼宣布出售计算机业务，并针对电视业务采取一系列降低成本的举措。回顾索尼的发展路径，我们不难发现，作为一家以技术著称的企业，其原有的核心竞争力优势再难以成为其长期盈利支撑点了。

2.资源整合

企业自身的资源整合是形成行业壁垒的妙方，因为它难以复制，这可以是技术优势的整合、人际关系优势的整合，亦可以是融资优势、管理优势、文化优势的整合。为什么近些年我们强调复合型人才，因为复合型人才和专精型人才一样稀缺。能把一件事做到百分之百的天才很难得，但一个普通智商的人通过努力能将两件事同时做到自身的极致，均完成到80%，一样能达到精英的程度。

苹果在2023年发布会上推出了新品Apple Vision Pro，一款有生产力的VR、AR效用的混合设备，苹果CEO称该设备将标志着计算技术新时代的开端。虽然目前还没有正式发售，但是从世界各地的邀请体验者的反馈来看，其带来的绝佳新体验，对办公和娱乐场景新的赋能，令人无限期待，并且它所蕴含的技术及服务方式，远超市面上所有的头显设备，并且在短时间内很难被超越。

为什么这款设备很有可能是行业标杆，甚至难以超越？

因为苹果在这款产品中，融会了其大量的技术研究成果，堪称资源整合之大作。对这款设备的研发布局，可以说从8年前的专利申请就开始了，该产品搭载了

M2主芯片和全新R1协处理器，M系列芯片就是苹果笔记本所使用的，相信很多读者都在使用，而R1协处理器是苹果专为其研发的；同时，苹果使用了AirPods的空间音频技术，采用了苹果手表的数码旋钮，这不禁让人深思，苹果手表的旋钮方式多年来培养了用户的使用习惯，是否是为今日做准备，或是厚积薄发的技术融合，要知道，苹果在头显设备领域多年来一直是保持沉默状态的。除这些外，Apple Vision Pro使用了顶级Micro OLED屏幕，镜片也是和顶尖厂商合作的，其选定方式除了眼部追踪，未来还可能会涉及视网膜投影的方式。

在这款产品中，我们可以看到苹果整合了内部原有的技术资源，如电脑芯片、耳机音频技术、手表数码旋钮，同时为其专门研发了新技术，并且还与外部顶级厂家合作，那么这样一款产品，就必然是难以模仿的！

当然，如果未来有一日它能成为一种革命性的行业标杆，那么后驱者只能依附于它，就像iPhone横空出世后，开启了智能手机新纪元，无数软件厂商研发iOS系统的App，一个新的平台就此出现，也不无可能。

（五）领域的聚焦

素有竞争战略之父之称的哈佛商学院教授——迈克尔·波特曾谈到，未来的企业想要活只有3条路：一是总成本领先，即效率最高；二是差异化竞争，即主打一个与众不同的点，人无我有，人有我新，人新我创，人创我就可以思考换赛道；三就是聚焦，聚焦细分的行业，因为企业资源的有限性和消费者需求的多样性，绝大多数企业都不可能占领所在行业的整个市场。所以，我们必须找准自己的定位与优势。

那么究竟该聚焦哪个赛道？

我们提供3个思路：更简单的操作服务、适度的差异化竞争、来自用户体验的需求挖掘。这三者是呈阶梯形，由浅入深、由易入难的。

1.更简单的操作服务

在我们考虑定位、聚焦于头等大事时，第一步就应该思考，在某个细分领域，是否大部分产品的功能都是过剩的，即对于用户来说操作略显复杂。

例如，当智能手机发展到如今这个阶段，其固有形态很难带来革命性变化，那么由于用户对照片像素的追求，手机利用其便携性，相较于单反、微单、胶片机，它的相机特性受到更多人的追捧。

近些年，人们对美颜软件的需求日趋强烈，在过去我们说"美图"即是"P图"，这里的"P"便是Photoshop等专业软件，但是复杂的对于用户来说不一定是好的，用户需要的是好用且简单的。如美图秀秀这样的美图软件，从退出计算机端再到手机App的移植和功能完善，它已经能够满足大部分普通人的日常需求，因此才能在"美图"这一细分领域占尽先机。

2.适度的差异化竞争

当我们确定在某一行业的细分领域中，其他企业优化得很好，只靠优化无法抢占先机时，那么就要思考如何创造一个全新的价值定位，并且这个定位对于用户的思维来说是合理的。

例如，如今提到运动型饮料，"脉动"无疑是占据着一席之地的，在"脉动"初上市时，它是顶着"维生素水"这个与众不同的标签的，与可乐、茶饮料等存在着明显的差别。随即为了争夺这一新开辟的细分市场，娃哈哈推出了"激活"，宣称产品里添加了"亚马孙雨林青春活力果——瓜拉纳"；康师傅推出了"劲跑"，强调一起补充维生素、糖原、氨基酸；汇源推出了"他"和"她"，提出了依据消费者的性别来补充不同的维生素等。最终经过市场的甄选，唯一的生存者是脉动。因为对于消费者来说，"维生素水"这个概念最简单、最明了。消费者不会为了一瓶水动太多的脑筋比来比去，因此脉动需要做的只是加强铺货，强调自己是维生素水中的第一品牌，从而实现产品与品牌的独特价值定位。

3. 来自用户体验的需求挖掘

当以上两种技巧或手段不能提供思路时，那我们就需要回到原点，老老实实地去进行用户需求挖掘，去找现有企业的共性，找到它们相同的空缺，你需要从以下几个方面进行思考。

首先在纸上写下这个市场中究竟有哪些竞争对手，接着逐一分析它们的经营模式、服务方式的优缺点，找出哪些是共性，哪些是特例。

然后列出自己能够填补上空缺的举措。

最后考虑自己的各类服务能否有机地联系在一起产生互动。

一定要记得商业模式的落地才是产生结果的最终手段，精准的营销手段必不可少，即想方设法告诉用户：我是谁？我能为你做什么？我凭什么能为你做这些事？为什么只有我能做这些事？

（六）自我的复制

一个良好的商业模式要想辅佐企业基业长青，一定是可持续的、可复制的，这种可持续在于企业内部的两个重要方面：流程、人才。

1. 流程

这里流程的复制其实就是标准作业程序（SOP），就是将某一事件的标准操作步骤和要求以统一的格式描述出来，用来指导和规范日常的工作。

对于一个想要规模化的企业来说，标准化流程是必不可少的。

标准化流程的作用主要是把企业内的成员所积累的技术、经验,通过文件的方式来加以保存,而不会因为人员的流动,导致整个技术、经验跟着流失。达到个人知道多少,组织就知道多少,也就是将个人的经验转化为企业的财富。更因为有了标准化流程,每项工作即使换了不同的人来操作,也不会在效率与品质上出现太大的差异。如果没有标准化流程,老员工在离职时,将所有发生过的问题的对应方法、作业技巧等宝贵经验装在脑子里带走后,新员工在遇到以前发生过的问题时,即便在交接时有了传授,单凭记忆也很难完全记住。

没有标准化流程,不同的师父将带出不同的徒弟,其工作结果的一致性是否达标可想而知。

这种流程管理对连锁门店的经营尤为重要,例如,大家都熟悉麦当劳,它有许多分店,但是口味却是一样的,麦当劳员工的工作标准有560页;肯德基规定新奥尔良烤翅炸好之后要放在滤油网上,不能多于7秒,因为多于7秒就太干燥了,不能少于3秒,少于3秒就太油了。

2.人才

在前文中讲文化落地时,我们从使命、愿景、价值观的角度叙述了如何解决"因"的问题,同时企业内部如阿里巴巴的招聘思路、培训方式、导师制度,华为的虚拟合伙制度,这种软实力都是良好的商业模式不可或缺的一部分。

以上便是六种良好的商业模式的特点。

但是理论再详细,能够落地才是关键,良好的商业模式不是一股脑儿就想出来的。对于每个企业来说,如何开始进行商业模式的设计和创新,它的起始点在哪里,组织进行讨论时究竟要从哪几个角度入手,如何能让每位参与人员简洁、迅速地理解其要义,便需要科学的工具和正确的方法进行分析和拆解。

在幸福汇咨询，我们设计合伙项目成功的业务逻辑，是从4个部分出发的：客户、产品或服务、基础设施及金融能力。将这4个部分进行深层次的细分后，可以定义为9大模块——客户细分、价值主张、渠道通路、客户关系、收入来源、核心资源、关键业务、合作伙伴、成本结构，从而形成商业模式画布，这是在世界范围内分析商业模式时被广泛认可并使用的一种工具，该工具的使用者包括爱立信、IBM等广为人知的著名企业。

三、商业模式画布的概念

2008年，著名商业模式创新作家、商业顾问亚历山大·奥斯特瓦德提出了商业模式画布（BMC）的概念。

这是一个视觉化的商业模式分析工具。用来帮助企业进行发展预测分析、商业模式创新，以及确定战略规划，也能够帮助创业者催生创意、降低猜测、确保他们找对目标客户、合理解决问题。

很多企业得益于这种简单的方式去描绘、设计其商业模式。这个概念创新点在于你仅需一页纸去概述你的战略，而不需要写出一个大规模的商业计划。

商业画布不仅能够提供更多灵活多变的计划，而且更容易满足客户的需求。更重要的是，它可以将商业模式中的元素标准化，并强调元素间的相互作用。

四、商业模式画布的9大模块

商业模式画布由9个模块构成（见图3-6）。

第三章 顶层设计

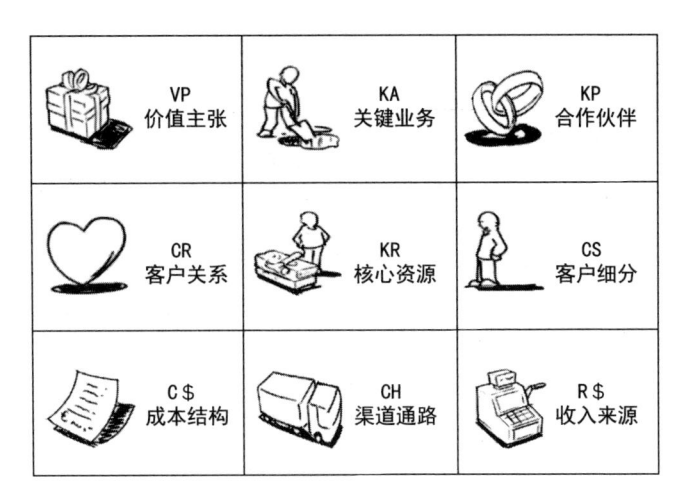

```
┌─────────────┬─────────────┬─────────────┐
│  VP         │  KA         │  KP         │
│  价值主张   │  关键业务   │  合作伙伴   │
├─────────────┼─────────────┼─────────────┤
│  CR         │  KR         │  CS         │
│  客户关系   │  核心资源   │  客户细分   │
├─────────────┼─────────────┼─────────────┤
│  C $        │  CH         │  R $        │
│  成本结构   │  渠道通路   │  收入来源   │
└─────────────┴─────────────┴─────────────┘
```

图 3-6　商业模式画布 9 大模块

（一）客户细分：目标客户群体是谁

客户细分相关内容如表 3-1 所示。

表 3-1　客户细分

目标客户群体是谁	我们正在为谁创造价值 谁是我们最重要的客户
客户群体的特征： ● 需要提供明显不同的产品满足客户需求 ● 客户群体需要通过不同的分销渠道来接触 ● 客户群体需要不同类型的关系 ● 客户群体愿意为产品的不同方面付费	客户群体的不同类型： ● 大众市场 ● 利基市场（指向那些被市场中有绝对优势的企业忽略的某些细分市场） ● 区域化市场 ● 多元化市场 ● 多边平台或多边市场

（二）价值主张：提供的产品和服务是什么？可以帮助客户解决什么问题

价值主张相关内容如表3-2所示。

表3-2　价值主张

产品和服务是什么？可以帮助客户解决什么问题	我们该向客户传递什么样的价值 我们正在帮助我们的客户解决哪一类难题 我们正在满足哪些客户需求 我们正在给客户群体提供哪些产品、服务
价值主张是客户由一个公司转向另一个公司的原因	价值主张通过迎合客户群体需求的独特组合来创造价值。价值可以是定量的（价格、服务速度）或定性的（设计、客户体验）： ● 新颖　　　　● 价格 ● 性能　　　　● 成本削减 ● 定制化　　　● 风险抑制 ● 把事情做好　● 可达性 ● 设计　　　　● 便利性、可用性 ● 品牌、身份地位

（三）渠道通路：如何将提供的价值与客户产生联系，并使客户为之买单

渠道通路相关内容如表3-3所示。

表3-3　渠道通路

如何将提供的价值与客户产生联系，并使客户为之买单	通过哪些渠道可以接触我们的客户群体 我们现在如何接触他们，我们的渠道如何整合 哪些渠道最有效，哪些渠道成本效益最好 如何把我们的渠道与客户的例行程序进行整合
我们可以区分直销和非直销渠道，也可以区分自有渠道和合作渠道 自有渠道——合作伙伴渠道 直销渠道——非直销渠道 销售渠道——自有店铺 在线销售——合作伙伴店铺、批发商	渠道具有5个不同阶段： 1.认知：我们如何在客户中提升公司商品和服务的认知 2.评估：我们如何帮助客户评估公司价值主张 3.购买：我们如何协助客户购买特定的产品和服务 4.传递：我们如何把价值主张传递给客户 5.售后：我们如何提供售后支持

（四）客户关系：如何确保将产品及服务与客户长久地绑定在一起

客户关系相关内容如表3-4所示。

表3-4　客户关系

如何确保将产品及服务与客户长久地绑定在一起	我们每个客户群体希望我们与之建立和保持何种关系 我们已经建立了哪些关系，这些关系成本如何 如何把它们与商业模式的其余部分进行整合
企业应该弄清楚希望和每个客户群体建立的关系类型。客户关系可以被以下几个动机所驱动： ● 客户获取 ● 客户维系 ● 提升销售额（追加销售）	客户关系的不同类型： ● 个人助理 ● 专用个人助理 ● 自助服务 ● 自动化服务 ● 社区 ● 共同创作

（五）核心资源：拥有什么核心资源可以保证所有商业行为的执行和落实

核心资源相关内容如表3-5所示。

表3-5　核心资源

拥有什么核心资源可以保证所有商业行为的执行和落实	我们的价值主张需要什么样的核心资源 我们的渠道通路需要什么样的核心资源 我们的客户关系与收入来源需要什么样的核心资源
每个商业模式都需要核心资源，这些资源使企业能够创造和提供价值主张、接触市场、与客户群体建立关系并赚取收入	核心资源可以分为以下几类： ● 实体资产 ● 知识资产 ● 人力资源 ● 金融资产

（六）合作伙伴：需要和哪些上下游重要企业进行重度合作

合作伙伴相关内容如表3-6所示。

表3-6 合作伙伴

需要和哪些上下游重要企业进行重度合作	谁是我们的重要伙伴，谁是我们的重要供应商 我们正在从伙伴那里获取哪些核心资源 合作伙伴都执行哪些关键业务
合作关系分为以下四种： ● 在非竞争者之间的战略联盟关系 ● 竞合：在竞争者之间的战略合作关系 ● 为开发新业务而构建的合作关系 ● 为确保可靠供应的购买方—供应商关系	以下3种动机有助于创建合作关系： ● 商业模式的优化和规模经济的运用 ● 风险和不确定性的降低 ● 特定资源和业务的获取

（七）关键业务：需要做哪些关键性的事情才能使产品和服务正常运行

关键业务的相关内容如表3-7所示。

表3-7 关键业务

需要做哪些关键性的事情才能使产品和服务正常运行	我们的价值主张需要哪些关键业务 我们的渠道通路需要哪些关键业务 我们的客户关系和收入来源需要哪些关键业务
正如核心资源一样，关键业务也是创造和提供价值主张、接触市场、维系客户关系并获取收入的基础	关键业务可以分为以下几类： 制造产品 问题解决 平台、网络

（八）成本结构：在所有的商业运作过程中都包含的成本消耗

成本结构相关内容如表3-8所示。

表3-8 成本结构

在所有的商业运作过程中都包含的成本消耗	什么是我们的商业模式中最重要的固有成本 哪些核心资源花费最多 哪些核心业务花费最多
成本在确定关键资源、关键业务与重要合作后可以相对容易地计算出来，分为成本驱动型与价值驱动型	价值驱动：增值性价值主张和高度个性化服务 成本驱动：侧重于在每个地方尽可能降低成本 ● 固定成本 ● 可变成本 ● 规模经济 ● 范围经济

（九）收入来源：我们的主要收入来源是什么

收入来源相关内容如表3-9所示。

表3-9 收入来源

我们的主要收入来源是什么	什么样的价值能让客户愿意付费 他们现在在付费买什么 他们是如何支付费用的 他们更愿意如何支付费用 每个收入来源占总收入的比例是多少
如果客户是商业模式的心脏，收入来源就是动脉 ● 通过客户一次性支付获得的交易收入 ● 经常性收入来自客户为获得价值主张与售后服务而持续性支付的费用	可以获取收入的方式： ● 资产销售 ● 使用收费 ● 订阅收费 ● 租赁收费 ● 授权收费 ● 经济收费 ● 广告收费

以上商业模式画布的9大模块，相互独立却又顺序承接，共同构建出了一套完整且良性的商业模式闭环（见图3-7）。

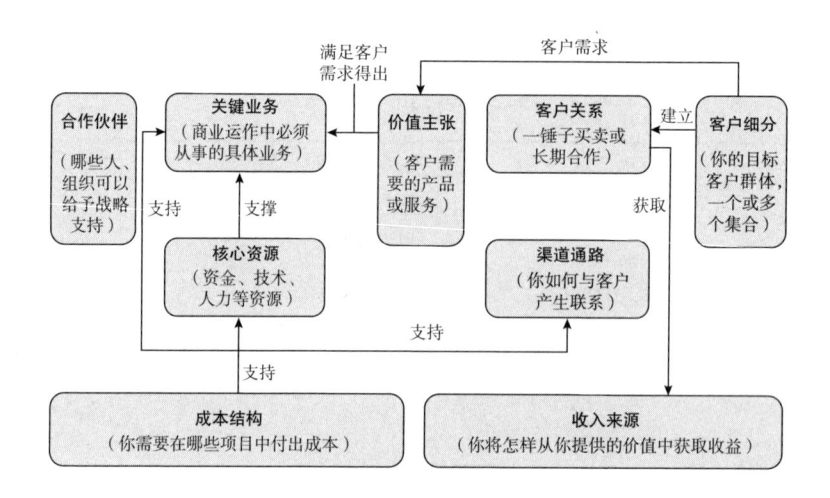

```
                    满足客户              客户需求
                    需求得出
  ┌────────┐    ┌──────────┐    ┌──────┐    ┌──────────┐    ┌────────┐
  │ 合作伙伴 │    │  关键业务  │    │价值主张│    │  客户关系  │建立│ 客户细分 │
  │（哪些人、│    │（商业运作中必须│ │（客户需│    │（一锤子买卖或│  │（你的目标│
  │ 组织可以 │    │ 从事的具体业务）│  │要的产品│    │ 长期合作） │  │ 客户群体，│
  │ 给予战略 │ 支持│           │支撑│或服务）│    │          │  │ 一个或多 │
  │  支持） │    └──────────┘    └──────┘    └──────────┘  │ 个集合） │
  └────────┘          │                        │         └────────┘
                      ↓                        ↑ 获取
                 ┌──────────┐              ┌──────────┐
                 │  核心资源  │              │  渠道通路  │
                 │（资金、技术、│              │（你如何与客户│
                 │ 人力等资源）│              │ 产生联系） │
                 └──────────┘              └──────────┘
                      ↑                        ↑
                      │ 支持          支持      │
                 ┌──────────────┐    ┌──────────────────┐
                 │    成本结构    │    │      收入来源      │
                 │（你需要在哪些项目│    │（你将怎样从你提供的 │
                 │   中付出成本） │    │   价值中获取收益） │
                 └──────────────┘    └──────────────────┘
```

图3-7　商业模式闭环

客户细分是出发点，一方面，企业可以通过精确的客户定位，分析了解其需求，从而明确自己究竟要为客户群体带来什么样的价值；另一方面，由于准确地定位到了客户群体，那么与客户维持良好的关系也是企业应该关注的重点，因为它直接与企业的收入挂钩。

那么当价值主张清晰后，企业应当针对客户的需求找到自身的关键业务，拿出足够核心的资源。在这个过程中，就避不开成本的问题，对成本结构的合理分析与筹划，严重影响着业务是否能正常开展、核心资源开发是否有底气，以及初始阶段如何与客户产生联系等问题。

企业要想在新商业时代中发展，合作无处不在，重要的伙伴选择也是商业模式中不可或缺的一部分。

五、商业模式画布的绘制

（一）画布的填写顺序

正如我们前面所讲的9大模块之间彼此承接，因此填写顺序（见图3-8）就说明了企业所执行商业模式的底层逻辑，这是不能够随意填写的。

9大模块	具体动作
1.客户细分	先了解目标客户群体
2.价值主张	确定他们的需求
3.渠道通路	思考我们如何接触到客户
4.关键业务	提供怎样的产品或服务
5.收入来源	怎么使产品盈利
6.核心资源	凭借什么实现盈利
7.成本结构	投入产出比是怎样的
8.合作伙伴	能为你提供支持的人
9.客户关系	维护客户关系

图3-8 画布填写顺序

（二）画布填写时应把握的原则

1.搜集资料尽量详尽

在制定自己的商业模式的时候，搜集资料是必经的环节。在搜集资料的过程中，应该尽量详尽，不要漏掉看似很微小的信息，因为很多巨大的商业机会可能就潜藏在看似很微小的信息下面。

2. 不要被固有的观念和逻辑框住

在互联网时代，很多独角兽公司之所以发展迅猛，甚至成功跨界，是因为创造出了不同以往的商业模式，而这种创新的商业模式是在抛开了以往任何固有的观念和逻辑，去掉了习惯思维的枷锁和束缚之后被创造出来的，所以要想创造出创新的商业模式，抛开束缚、大胆想象是基本的前提。

3. 切忌轻易否定

不要轻易否定任何一个创新的概念和想法，运用最小试错原理，小步快跑，用最小的成本换取可行性，创业公司规模小且灵活，最适用这个方法，很多商业模式不是画出来的，是试出来的。

只有真正地走一遍流程，才能知道在现实中是否可行，所以不要轻易否定和放弃看似不乐观的创意，实践才是检验真理的唯一标准。

下面，我们给出模板（见图3-9）并通过一些具体案例来了解画布的实际应用。

案例：各企业商业模式画布

因各企业存在个体差异，在其商业模式画布设计中，可能存在与上述9大模块不一致的情况。

1. 小米商业模式画布详解

小米商业模式画布如图3-10所示。

- 客户细分：小米的客户分为几大类，例如，年轻人的大众市场；移动、联通、电信运营商的利基市场；提供商品给第三方平台或供应商的平台式市场；开拓手机周边商品的多元化市场。

第三章 顶层设计

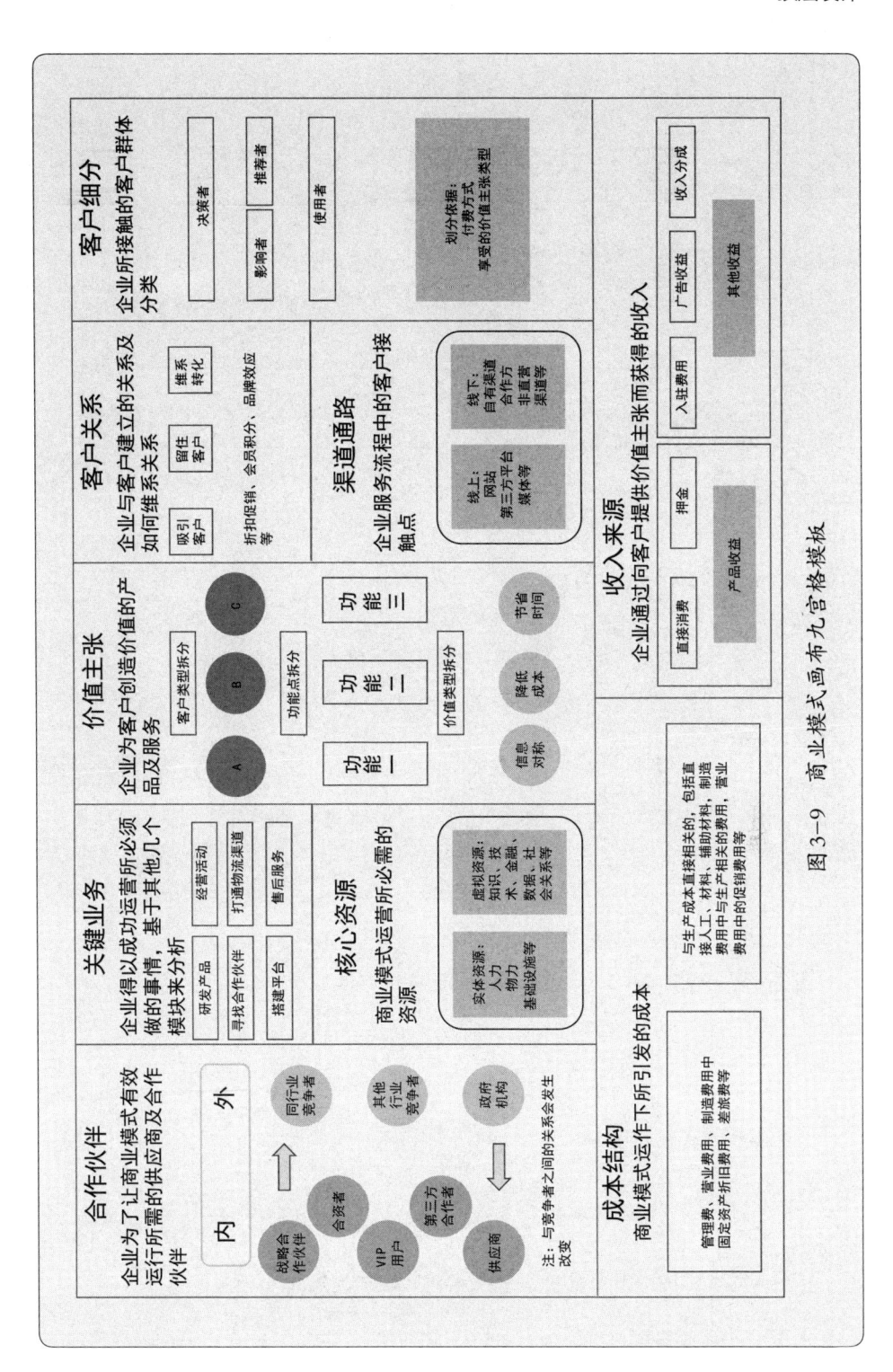

图 3-9 商业模式画布九宫格模板

合作伙伴	关键业务	价值主张	客户关系	客户细分
合作企业	软件+硬件+互联网	为发烧而生	客户黏性	个人客户 运营商
	核心资源 实体资产 人力资源 金融资产		渠道通路 网络平台	

成本结构			收入来源		
平台维护	手机硬件	软件开发	网络广告	产品服务	周边产品

图3-10 小米商业模式画布

- 价值主张：小米以为发烧而生的价值观来打造产品差异化、服务差异化、形象差异化。

- 渠道通路：小米以网络平台为主要渠道，还有可利用的合作伙伴的渠道。

- 客户关系：小米以社区方式为主，来提高客户黏性，除此以外还有个人助理、自动服务、专用个人助理、自动化服务。

- 收入来源：小米的收入来源有手机、周边产品、网络广告、软件服务、知识产权等。

- 核心资源：实体资产；人力资源——知识产权；金融资产。

- 关键业务：铁人三项——软件、硬件、互联网服务。

- 重要伙伴：富士康；凡客诚品负责小米商城物流。

- 成本结构：平台维护、手机硬件、软件开发。

2. 小红书商业模式画布详解

小红书商业模式画布如图3-11所示。

合作伙伴		用户需求		目标用户
品牌官方合作、美妆达人、明星	资源闭环	美妆及护肤知识科普、商品推荐，商品购买、职场、美食等方面分享	价值闭环	学生群体、美妆小白、职场女性、美食爱好者、关注消费品质的个性化消费者
核心资源		**方案闭环**		**传播方式**
平台用户、笔记内容、美妆达人、平台信用				用户分享、用户通讯录推荐、美妆博主推荐、商城服务号、公众号广告推广
关键业务		**解决方案**		**用户关系**
广告合作、内容运营、跨境电商商城		美妆达人分享、用户笔记、用户Vlog、电商商城		相互提供内容，搭建用户间信任关系及关注度
成本结构				**收入来源**
人工成本、广告宣传费用、商业合作费用、运营平台内容及商城成本		财务闭环		电商商城、商业广告、广告

图3-11 小红书商业模式画布

3. B站商业模式画布详解

B站商业模式画布如图3-12所示。

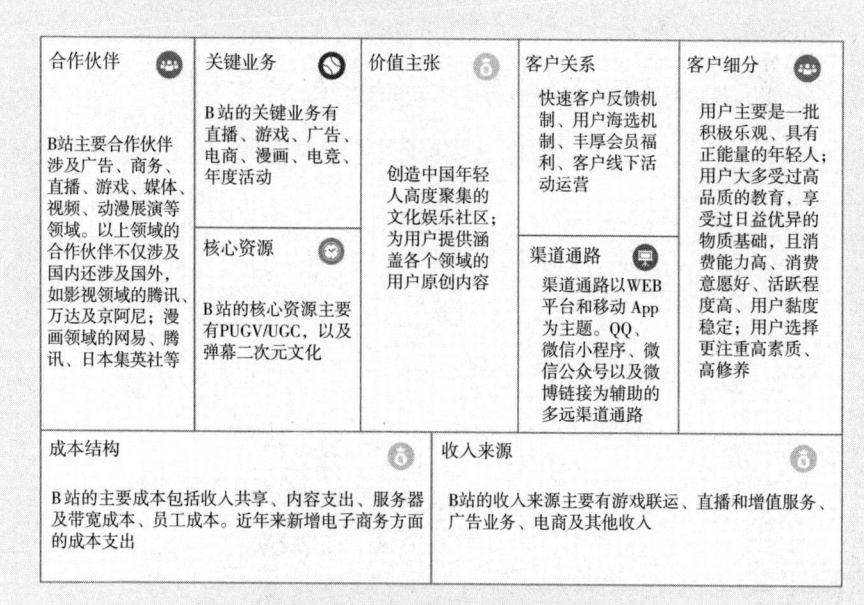

合作伙伴	关键业务	价值主张	客户关系	客户细分
B站主要合作伙伴涉及广告、商务、直播、游戏、媒体、视频、动漫展演等领域。以上领域的合作伙伴不仅涉及国内还涉及国外，如影视领域的腾讯、万达及京阿尼；漫画领域的网易、腾讯、日本集英社等	B站的关键业务有直播、游戏、广告、电商、漫画、电竞、年度活动	创造中国年轻人高度聚集的文化娱乐社区；为用户提供涵盖各个领域的用户原创内容	快速客户反馈机制、用户海选机制、丰厚会员福利、客户线下活动运营	用户主要是一批积极乐观、具有正能量的年轻人；用户大多受过高品质的教育，享受过日益优异的物质基础，且消费能力高、消费意愿好、活跃程度高、用户黏度稳定；用户选择更注重高素质、高修养
	核心资源		**渠道通路**	
	B站的核心资源主要有PUGV/UGC，以及弹幕二次元文化		渠道通路以WEB平台和移动App为主题。QQ、微信小程序、微信公众号以及微博链接为辅助的多远渠道通路	
成本结构			**收入来源**	
B站的主要成本包括收入共享、内容支出、服务器及带宽成本、员工成本。近年来新增电子商务方面的成本支出			B站的收入来源主要有游戏联运、直播和增值服务、广告业务、电商及其他收入	

图3-12 B站商业模式画布

4.蔚来商业模式画布详解

蔚来商业模式画布如图3-13所示。

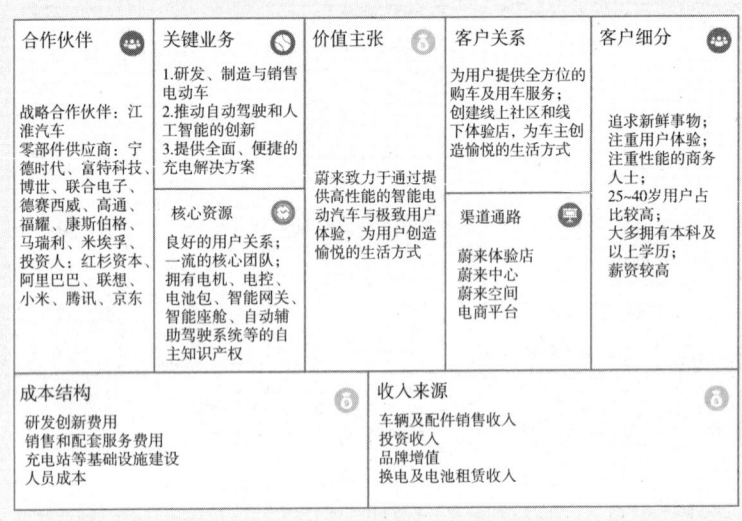

合作伙伴	关键业务	价值主张	客户关系	客户细分
战略合作伙伴：江淮汽车 零部件供应商：宁德时代、富特科技、博世、联合电子、德赛西威、高通、福耀、康斯伯格、马瑞利、米埃尔 投资人：红杉资本、阿里巴巴、联想、小米、腾讯、京东	1.研发、制造与销售电动车 2.推动自动驾驶和人工智能的创新 3.提供全面、便捷的充电解决方案	蔚来致力于通过提供高性能的智能电动汽车与极致用户体验，为用户创造愉悦的生活方式	为用户提供全方位的购车及用车服务；创建线上社区和线下体验店，为车主创造愉悦的生活方式	追求新鲜事物；注重用户体验；注重性能的商务人士；25~40岁用户占比较高；大多拥有本科及以上学历；薪资较高
	核心资源		**渠道通路**	
	良好的用户关系；一流的核心团队；拥有电机、电控、电池包、智能网关、智能座舱、自动辅助驾驶系统等的自主知识产权		蔚来体验店 蔚来中心 蔚来空间 电商平台	
成本结构			**收入来源**	
研发创新费用 销售和配套服务费用 充电站等基础设施建设 人员成本			车辆及配件销售收入 投资收入 品牌增值 换电及电池租赁收入	

图3-13 蔚来商业模式画布

5.混沌大学商业模式画布详解

混沌大学商业模式画布如图3-14所示。

合作伙伴	客户需求		客户细分
讲师、企业家、商界领袖城市分社代理网络直播平台提供商线下活动场地提供商	拓展认知、拓宽认知边界、培养商业思维、培养独立思考能力、学习创业创新新理念、积累人脉资源；MBA、EMBA商学院费用较贵，上课地点交通不方便，时间不允许		互联网人、商业领域人士、创业者、中高层管理者、产品经理、运营经理、工程师、设计师等
核心资源			**传播方式**
李善友本人 创始团队、讲师团队 会员数据、用户量 授课内容	**资源闭环** 方案闭环	**价值闭环**	用户口碑、混沌学员传播、意见领袖 线下活动、分社小灶活动； 线上直播、App本身； 订阅号、服务号、小程序推广
重要业务	**解决方案**		**客户关系**
课程设计、课程研发 社群运营、分社运营 线下活动、线上直播、讲师招募 课程品质控制、客户主题内容优化	研习社、创新院、商学院线下活动、地方分社、课程练习		群社区、研习社、商学院 创新院、推广大使、分社加盟
成本结构			**收入来源**
人力成本、运维成本 线下活动运营成本 营销推广成本 讲师课程费用成本	财务闭环		现金收入：研习社、商学院、创新院年费 独立课程售卖 线上活动报名费、分社代理收入分成、直播打赏 软性收入：品牌知名度、课程内容、讲师团队等

图3-14 混沌大学商业模式画布

6.爱彼迎（Airbnd）商业模式画布详解

爱彼迎商业模式画布如图3-15所示。

关键业务	合作伙伴	价值主张	客户关系	客户细分
营销、社区运营和产品开发	与世界各地的社群合作 酒店预订平台 航空公司 投资人 摄影师	风险抑制因素：有图有真相+实名制+审查评级 便利性/可达性因素：快速预定+房主直接联系	与出租者的关系：经营出租者社群；与租客的关系：提供安全的客户体验	出租方： 有空房间，想赚钱的人，想结交新朋友的人 租用方： 旅行度假者 商务旅行者
	核心资源 创始人 房源 团队	便利性、可达性因素：快速预定+房主直接联系； 价格因素：价格低廉		
成本结构 技术：包括顶级程序员的成本，以及服务器空间和其许可的许多软件； 营销：包括付费广告和公关，其在世界各地的大市场； 销售：包括其在所有大市场中的维护国家经理及其团队				**收入来源** 以佣金为主 向房东收取3%交易费 向住客收取6%～12%服务费

图3-15　爱彼迎商业模式画布

第三节
战略解码

一、战略规划与落地执行

我经常遇到有委托咨询经历的企业，其中不乏一些失败的案例，很多企业在复盘时得到的结论都是起初定下的战略最终难以落地，这就是规划与执行间天然的鸿沟。

马云讲："宁愿要三流的战略加一流的执行，也不要一流的战略加三流的执行。"因为好的战略加上差的执行,几乎没有胜算;而差的战略加上好的执行,或许可能成功。同样,管理大师拉姆·查兰在其文章《CEO为什么失败》中介绍了他的研究成果:"战略的缺陷并不是决定性的,没有忠实地执行战略才是CEO下台的关键因素!""在大多数情况下,估计有70%的情况是真正的问题不在于战略不好,而在于执行不到位。"

在采用了较为乐观的方式下预测,全球成功的战略执行比例仅有25%~35%;而相反的预测方式下得到了更为悲观的数据,成功的战略执行比例低于10%。因此在《哈佛商业评论》中,一篇基于全球400位CEO的调查报告指出,对于各企业高管来说,打造卓越的战略执行力的挑战已然超过了创新和总收入的增长等。究其根本,战略无法有效落地执行主要有5个原因:思想不统一,执行的战略规划并不能统一管理层的思想,或者在向员工传达战略规划的过程中表述得不清晰;执行路径不明确;资源协调跟不上;现有制度体系无法保障执行;各部门、团队、个人间的协同作战效率低。

那么究竟该如何在战略规划与落地执行间的鸿沟上架起一条可以通行的桥梁呢?答案就是——战略解码!

二、战略解码的含义

马云在湖畔大学的新生开学第一课上提出,一个良好的企业战略应该具有"上三路"与"下三路","上三路"是使命、愿景、价值观,"下三路"是组织、人才、KPI,在其中起腰部连接作用的就是战略解码,它是将战略规划与落地执行连接在一起的桥梁。

战略解码是企业通过集思广益、共商共创,对企业战略进行明确,使组织全体成员达成战略共识,形成行为一致性,并将公司的战略意图与战略目标按照组织结构的层级进行上下分解,同时按照业务流程的结构进行水平分解,最终落实到组织各单元及岗位的关键环节。

战略管理分为五大步骤（见图3-16），分别是调研分析、战略澄清、战略解码、执行跟踪和评估更新。

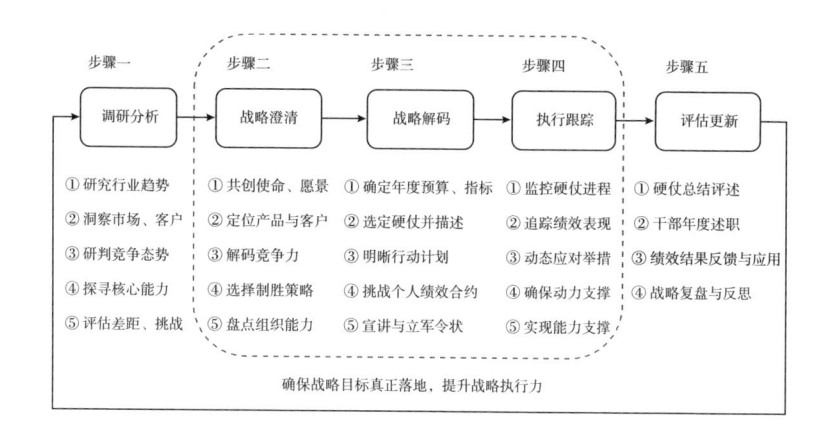

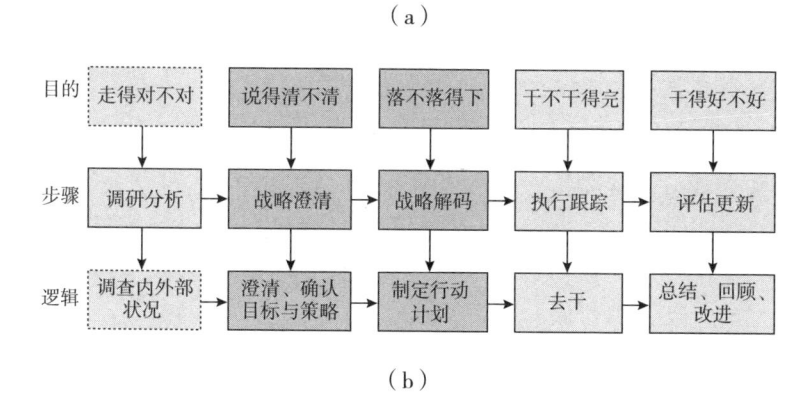

（a）

（b）

图3-16 战略管理五大步骤及内涵

通常广义上的战略解码（见图3-17）包括战略澄清、战略解码、执行跟踪三部分，且依据我多年的经验，对于企业来说，战略澄清和战略解码这两个步骤才是企业经常把握不好且容错空间又小的板块，由于本章篇幅有限，因此我们会聚焦于此进行展开。

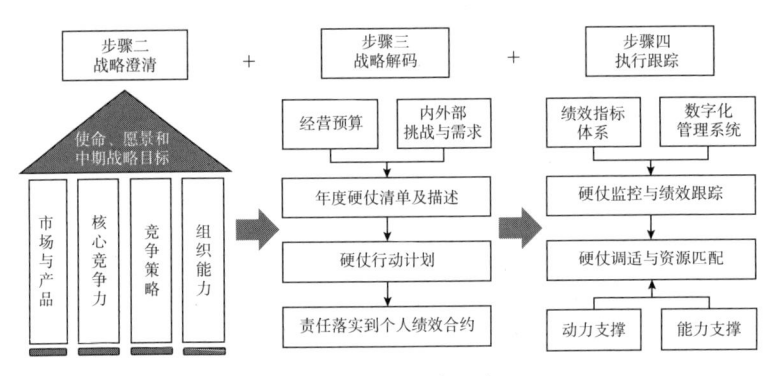

图 3-17　广义的战略解码

相对于战略澄清和战略解码，在新商业时代，调研分析已然变成了充分非必要条件，数据调研是没有尽头的，且不说数据是否完全可靠，就算是精准的，它所需要耗费的代价也是极大的，对于中小企业来说，很多时候是心有余而力不足。同时，时间成本也是个问题，认定"无数据，不决策"的企业往往会错过一些一闪而过的机遇和风口。但是完全让企业自觉发展战略，对于部分人来说是难以接受、心里没底的，所以我建议：调研分析应在条件允许的情况下尽量做得详尽，使其成为理论支撑，但是不能对其迷信，它是战略决策的辅助支撑但不能成为限制框架。理性与感性并存，实际调研和思想预判相结合，不要唯数据论，才是更适合这个时代的方法。

执行跟踪更多地与动态治理中一系列的制度支持挂钩，同时评估更新不属于本书的主要内容，这两部分本章就不涉及了。

三、战略解码的优势

在上述内容中，我们谈到战略解码是跨越规划与落地之间鸿沟的桥梁，那么它是如何实现的？为什么如今各行各业的企业都会选择其成为年度的必定动作？接下来我们讲讲战略解码这一关键环节的优势。

（一）简洁高效，灵敏迅速

前文提到，在变幻莫测的新商业时代，机遇和风口稍纵即逝，企业的战略应该从追求"大而美"到"小而精"，提高灵活应变能力，抓住机遇。企业战略是要承接愿景的，在幸福汇，我们提倡的是3~5年的愿景，那么战略决策也要随之改变，像过去动辄一个战略指导企业5~10年的方法已经不好用了，只要战略方向大致正确，关键就转向了是否能适应当时当地的状况——京东每年年底都会召开战略解码会的原因就是如此。中小企业每年召开一次战略解码会即可，大企业可以根据管理层级、人员密度分批开2~3次。

（二）必赢之仗，力出一孔

什么是必赢之仗？必赢之仗就是通过战略解码会得出来的企业本年度的头等大事，是能够影响企业存亡的有挑战性的战役。只有这样的硬仗，才能让整个团队抛弃杂念，形成强有力的凝聚力。

（三）集思广益，上下同欲

任正非说的"让听得见炮声的人来做决策"，既是一种应变思维，也是集思广益的体现。企业想解决"囚"的问题，为人才赋能必不可少，共创式的战略解码会能够给各层级员工参与感、归属感。同时，靠一个甚至几个人的想法决定企业的未来走向，这种扁平化的决策机制如今也显得有些不合时宜了，共创共识，大胆讨论，才能凝练出更全面、更深刻的战术。

（四）战略澄清，执行明确

对于企业来说，第一线的"战士"的打法，才是用户端作为企业战略承接方的直接感受，这种影响在门店方面更为明显，因此战略规划需要被澄清，并且是以一种能让全体员工都能理解的描述，讲清楚、说明白：该做什么，不该做什么，怎么做，如何调度，如何协作，谁来支持，谁来负责。这一条条明确的路径便是战略解码的成果。

四、战略解码的核心

战略解码的核心有4点：战略的可靠度、战略的认同度、策略的清晰度、组织的支持度。

可靠度强调战略规划是否合理，是否符合大环境的发展趋势，能否既满足可达性也具有挑战性。

认同度强调最终战略应是员工的战略共识、智慧结晶，因此在完成时应拼尽全力，互相配合。

清晰度强调组织和个人都应目标明确，路径清晰，权责到位，奖罚分明。

支持度强调组织机制的支撑和制度系统的匹配，同时文化软实力也要随之提升，为员工赋能，使企业不断复制人才与成功经验。

为了使战略解码环节能最终做到这4点，关键在于3场重要的会议：战略澄清会、战略解码会与个人绩效合约PK会。这里我们主要讲战略澄清会与战略解码会，个人绩效属于动态治理范畴，本章就不提及了。

（一）战略澄清会

战略澄清会的根本目的是帮助管理者快速、高效、准确获取战略并使企业各层级达成共识。在战略澄清会中，各管理层级以团队的方式共创共识、各抒己论，在不断的头脑风暴中进行思想碰撞，在前期合理地调研分析基础上，得到明确的战略目标、竞争策略、实现路径。

1.组织结构

通常来说，战略澄清会的人数在20人左右，这样不会影响讨论质量，大家的发言机会充足，组织起来也方便。当然，如果能在事先提前请到相关专家，那么会议的有效进行也能更有保障。

2.会议内容

战略澄清会主要讨论4个问题：市场与产品、核心竞争力、增长策略、组织能力（见表3-10）。

表3-10 战略澄清会的内容

市场与产品	● 客户有哪些，特征是什么，分布在哪里 ● 有哪些产品组合与策略 ● 如何获得利润
核心竞争力	● 竞争对手是谁，竞争优势是什么，我们凭什么赢 ● 我们有哪些关键成功因素
增长策略	● 业务增长机会有哪些 ● 如何挖掘现有内生增长机会的价值 ● 如何利用外生增长机会
组织能力	● 我们应该拥有哪些核心能力 ● 如何使组织、人才、文化、激励机制配套并发挥作用

以上是战略澄清会讨论内容的基本框架，主持者可以根据企业情况，提前与管理者单独沟通，调整会议重点及相应问题与详略程度。

（二）战略解码会

战略解码会的根本目的是结合预算分解会、个人绩效合约PK会等一系列的会议，将企业的中长期战略目标和任务落实到次年（当年），同时通过分解将其转化为次年（当年）的经营指标、年度硬仗及行动计划、个人目标和任务，并匹配好相应的资源，其中一些具体操作会涉及第四章动态治理中的目标分解和绩效赋能。

1.组织结构

一般来说，中小企业一年仅需组织一次中高层战略解码会，规模较大且组织层级较多的公司可以分批召开，先进行高层战略解码会，然后就各分公司、子公司、部门、团队等分别召开。

2.会议内容

战略解码会是有一套固有逻辑的，虽然可以根据公司具体情况进行适当调整，但大体上需要遵循以下步骤：

（1）回顾战略澄清成果，明确中长期战略目标，思考次年（当年）总体目标。

（2）明晰、落实、分解企业年度经营预算。

（3）分析外部竞争环境和内部问题（SWOT分析），理解、澄清上级期望和客户需求。

（4）形成（企业或组织的）年度硬仗清单。

（5）对每场硬仗进行明确界定和描述。

（6）将年度硬仗分解，细化成具体的行动计划。

（7）将（企业或组织的）硬仗和行动计划落实到个人，并与个人绩效合约挂钩。

（8）对以上成果进行宣传贯彻。

为了增加完整性，此处给出了战略解码会的几大步骤。其中前六步属于战略解码的内容，第七步即召开个人绩效合约PK会（涉及个人绩效合约制定与PK）。

个人绩效合约PK会的召开时间通常在战略解码会结束后一周左右，为期1~2天，与会人员结构与战略解码会基本相同。也有企业会将战略解码会与个人绩效合约PK会连在一起召开，会期四五天甚至一周。不过，这么多人这么长时间离岗专心致志地开会，把日常工作统统放下，需要以个人事先做好周密的准备为前提。

个人绩效合约PK会的根本目的是把战略解码会上明确的硬仗和行动计划落实到个人头上（与个人绩效合约挂钩），形成个人绩效考核的内容，具体分解方法请参考第四章目标分解部分。

第四章

动态治理

CHAPTER 4

第四章
动态治理

我们通过大量的研究得出了一个结论，企业当中并不是没有人才，而是人才的潜能没有被激发出来。在企业中，很常见的一种情况是员工作出的贡献不能得到科学的评价，干多干少都一样，于是员工就不愿意付出了，如此就应了大家耳熟能详的一句话——"三个和尚没水喝"。问题的核心在于没有制定一个合理的规则，衡量标准不明确，于是谁都不愿意付出劳动，避免发生不公平的现象给自己添堵。动态治理是一种能够解决这个问题的管理模式。

"动态治理"有别于"绩效管理"。传统的"绩效管理"是一种对内的管理模式，相对单一，而"绩效"表达的应该是一种动态的、按劳分配的、能者多得的机制，那么考虑新商业时代下合伙共生、资源共享的大前提，我认为"绩效"二字不应只是对内，也应对外，合伙人的表现也应被衡量，因此这种双向的"绩效管理"思维，便是动态治理的核心。

动态治理实际上是结果管理，是目标管理。当顶层设计解决了价值创造的问题后，我们就需要动态治理这个工具来分析"价值是谁在创造，谁创造得多，谁创造得少，谁能一直为企业创造"。从企业内部看，这是融人才的问题——寻找事业合伙人；从企业外部看，这是融资源的问题——寻找财富合伙人。

我们要明确，就算是普通人，他的潜力也是极为巨大的，大部分人都接触不到拼天赋的时刻，所以人才是可以被塑造的，究其根本，没能挖掘出员工潜力的核心原因在于劣币驱逐良币，就是人的积极性没有被激发出来，没有科学的评价，人才无奈流失。因此管理者要满足员工的相应需求，同时让他持续地成长，逐渐增值。企业要学会建立3层回报模型，第一层是物质回报，第二层是精神回报，第三层是机会回报，只有通过这种长效的激励建立起的动态治理体系，才能不断提升员工解决问题的能力。

除此之外，我们也需要理解人性，安逸的环境会熄灭奋斗的火焰，为了防止外部的合伙人因为一时的贡献而躺在功劳簿上"吃白食"，一套完善的动力机制，涉及层级的升降进退，便是对其最好的约束。

在该系统中，动态治理板块总共有3个核心点，分别是目标分解、绩效赋能和动力机制。

第一节
目标分解

目标分解就是将我们通过战略解码得到的总体目标在纵向、横向或时序上分解到各层次、各部门以至具体人，形成目标体系的过程。只有通过目标分解承接了战略解码的成果，企业才能明确目标责任，进行合理的动态治理，最终使总体目标得以实现。

一般步骤如下：

（1）综合目标设定：进行对比后选定课题，确定综合目标。综合目标不宜选定太多，否则会分散注意力。一般选定1个目标或2~3个目标，在大多数情况下不超过4个目标，其目标值应用数值具体表示出来。

（2）目标展开：按综合生产力（TP）展开目标，构建对策体系。目标一般可以按照产品、工序、原因、技术等来进行分解。但应考虑以下情况，如现象把握难易度、对策实施难易度、成果把握难易度等，然后决定按什么顺序来展开。

（3）对策选定：对策检讨、选定，确定对策方案，验证。

为达成每个目标应探索能够实践的具体对策。迄今为止，企业在以由下到上为主的改善活动中，经常出现一些因对策选定盲目而发生副作用的事例：或是对

"什么是对策"进行直观的判定；或是根据以往的经验确定并实施对策，在对效果不能预测的状态下盲目实施，无法获得改善成果。更有甚者，企业给出的目标就不合理。

例如，在进行战略解码后，我们提炼出一个财务目标是公司要实现净利润额3000万元，那这个目标应该和哪些部门有关系呢？很多企业在进行考评时发现，应将各个部门跟公司的净利润挂钩，实际操作是硬邦邦地拿这个指标套在各部门负责人的头上。如对销售部考评后，再对人事部考评，那人事部就不开心了，他说："你考评销售部就可以了，他直接影响净利润，但我是间接作用，你怎么能上来就拿这个直接跟我的工资挂钩？我不接受！"很显然这种说法是有道理的，合理的做法应该是把净利润额变成这个部门的一个长远的一级结果性目标，使其能够影响最终结果。考评时应当按权重进行判断，如你在规定时间内招到合格员工，这就跟它直接挂钩了。在这个过程中，我们经常使用的工具叫作鱼骨图，在画鱼骨图时，为了达成目标的净利润额，把每个部门要做到的事，如招聘合格率、培训到岗率等梳理清楚，逻辑清晰。

除此以外，进行动态治理还会面临一个问题，当拆分出各个目标后，很多企业会将最后进行考评的时间选在年底，但是每个目标的要求不同，有些可以以年为考核周期，而有些目标考核周期过长会造成目标的达成缺乏保障，因此在过程进展中要根据重要性，合理地设定阶段性目标，如月度、季度目标等。

为了预防上述问题，提高目标完成率，在目标展开阶段开展原因验证的工作至关重要，这样对对策的选定大有帮助。

一、进行目标分解时要遵循的要求

（1）目标分解应按整分合原则进行。也就是将总体目标分解为不同层次、不同部门的分目标，各个分目标的综合又体现总体目标，并保证总体目标的实现。

（2）分目标要保持与总体目标方向一致，内容上下贯通，保证总体目标的实现。

（3）在目标分解中，要注意各个分目标所需要的条件及其限制因素，如人力、物力、财力和协作条件、技术保障等。

（4）各个分目标之间在内容与时间上要协调、平衡，并同步发展，不影响总体目标的实现。

（5）各个分目标的表达也要简明、扼要、明确，有具体的目标值和完成时限要求。

常用的目标分解方法有两种，如图4-1所示。

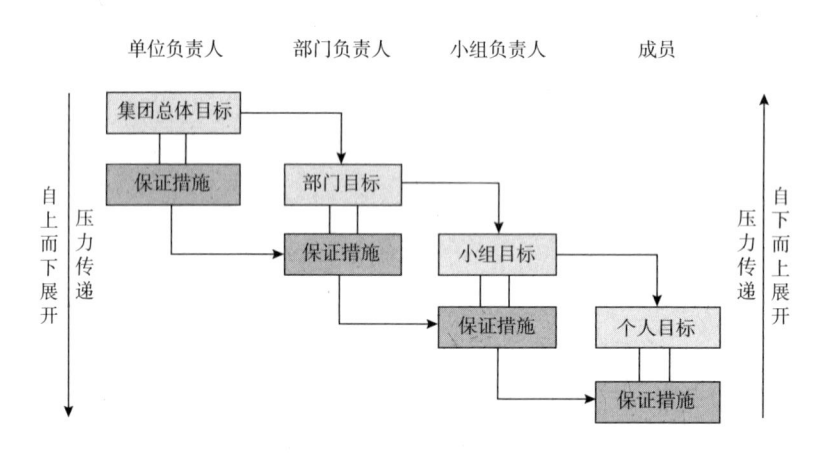

图4-1 目标分解方法

（1）指令式分解。指令式分解是分解前不与下级商量，由管理者确定分解方案，以指令或指示、计划的形式下达。这种分解方法虽然容易使目标构成一个完整的体系，但由于未与下级协商，对下级承担目标的困难、意见不了解，容易造成某些目标难以落实下去；更容易让下级觉得这项目标是上级制定的，因而不利于激发下级积极性，影响其能力的发挥。

（2）协商式分解。协商式分解是上下级对总体目标的分解和层次目标的落实进行充分的商谈或讨论，取得一致意见。

这种协商容易使目标落到实处，也有利于下级积极性的调动和能力的发挥。

不论用哪种方法，在具体分解时都应采用系统图法。

将一级目标（总体目标）分解，就是将实现一级目标的手段作为二级目标，以此类推，一级一级地分解下去，从而形成一个"目标—手段"链。同时，自上而下又是逐级保证的过程，不但构成了目标体系，各级目标的实现也落到了实处。

二、目标分解的主要形式

按时间顺序分解，如图4-2所示。定出目标实施进度，以便实施中的检查和控制。这种分解形式构成了目标的时间体系。

按空间关系分解包括以下两种，如图4-3所示：

（1）按管理层次的纵向分解，即将目标逐级分解到每个管理层次，有些目标还可以一直分解到个人。

（2）按职能部门的横向分解，即将目标分解到有关职能部门，这种分解方式构成了目标的空间体系。

例如，在某厂的目标管理中，公司既定了6个目标、37个目标值，分解到各科室、车间后，形成了75个目标、101个目标值，再分解到班组、个人，全公司共形成了2000多个目标值。

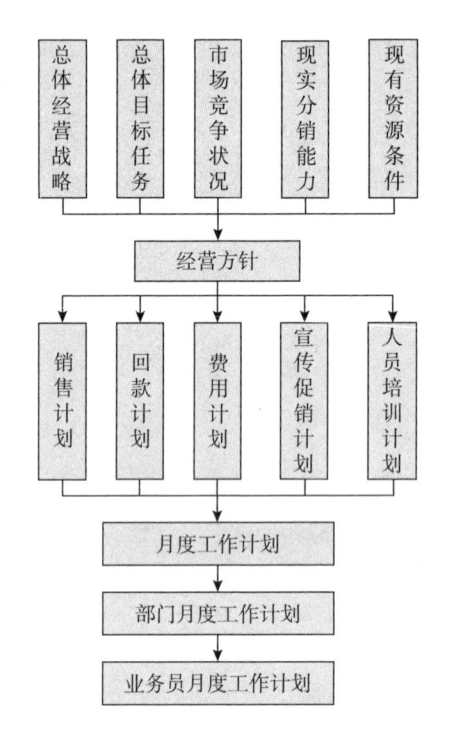

图 4-2　按时间顺序分解

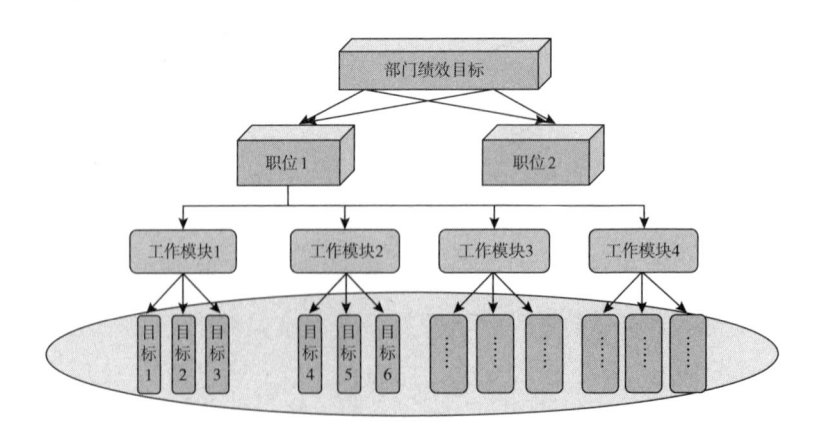

图 4-3　按空间关系分解

第四章 动态治理

一个管理组织的目标，如能按时间关系和按空间关系同时展开，形成有机的、立体的目标系统，不仅使各级管理人员和每个人对目标的整体一目了然，也能明确各部门或个人的目标在目标系统中所处的地位，有利于调动人们的积极性、主动性和创造性。

案例：目标分解过程

在绩效合伙人系统中，动态治理要求给员工设立3种类型的指标：一级结果型指标、二级驱动型指标、三级行为型指标（态度和能力考评）。这意味着对企业下达的每个全年目标、季度目标、月度目标，哪怕是日目标，都应该改成数据型指标。

这里假设一个一级结果型指标A设定出来后，由于动态治理是一套数学式思维，部门负责人用提前做好的计算公式，通过鱼骨图，研究A这个结果是怎么计算出来的，是加、是减、是乘、是除。此时，管理层推导出来A=B+C+D，假设要想A提高30%，B这个指标就是"在老客户营收不变的情况下，2024年目标新增客户带来的营收提高10%"；C就是"在2024年基本不变的情况下，客消费单价提升30%"；D就是"客户重复购买率提高10%"，以上B+C+D=A可能就推导成功了，其中B、C、D就属于二级驱动型指标。

接下来继续假设，想要实现B，即"在老客户营收不变的情况下，2024年目标新增客户带来的营收提高10%"，这是将二级驱动型指标转化为具体的行动计划的过程，接下来每个部门都列出所有的行动计划，怎么去干、截止到哪一天完成、监督人是谁、负责人是谁、计划人是谁，再加上对态度、能力的考评，就形成了第三个指标——行为型指标。

这便是一个完整的承接了战略解码后的目标分解过程。

第二节
绩效赋能

绩效赋能就是各级管理者和员工为了达到组织目标，共同参与的绩效计划制定、绩效辅导沟通、绩效考核评价、绩效结果应用，以实现绩效目标提升的持续循环过程（见图4-4）。绩效赋能的目的是持续提升个人、部门和组织的绩效。

图 4-4 绩效赋能循环

绩效计划制定是绩效赋能的基础环节，没有合理的绩效计划就谈不上动态治理。

绩效辅导沟通是绩效赋能的重要环节，若这个环节的工作不到位，动态治理将不能落到实处，从国内咨询公司的实践案例看，有效的绩效指导主要有3种方式：上级对下级的日常指导，定期的绩效会议制度，绩效指导与反馈表单。

绩效考核评价是绩效赋能的核心环节，若这个环节的工作出现问题，就会给动态治理带来严重的负面影响。

绩效结果应用是绩效赋能取得成效的关键，如果对员工的激励与约束机制存在问题，那么动态治理不可能取得成效。

绩效赋能强调组织目标和个人目标的一致性，强调组织和个人同步成长，形成"多赢"局面；绩效赋能体现着"以人为本"的思想，在绩效赋能的各个环节中都需要管理者和员工的共同参与。具体的管理流程指导如下：

（1）制定考核计划。①明确考核的目的和对象。②选择考核内容和方法。③确定考核时间。

（2）进行技术准备。内部的动态治理考核是一项技术性很强的工作。其技术准备主要包括确定考核标准、选择或设计考核方法及培训考核人员。

（3）选拔考核人员。在选择考核人员时，通过培训，可以使考核人员掌握考核原则，熟悉考核标准，掌握考核方法，克服常见偏差。

（4）收集资料信息。收集资料信息要建立一套与考核指标体系有关的制度，并采取各种有效的方法来达到预期效果。

（5）作出分析评价。①确定单项的等级和分值。②对同一项目各考核结果进行综合评价。③对不同项目考核结果进行综合评价。

绩效赋能作为一种非常必要的工具，它的内容并不局限于此，按管理主题来划分，绩效赋能可分为两大类，一类是激励型绩效赋能，侧重激发员工的工作积极性，比较适用于成长期的企业；另一类是管控型绩效赋能，侧重于规范员工的工作行为，比较适用于成熟期的企业。无论采用哪种绩效赋能，其核心都应有利于提升企业的整体绩效，而不应在指标的得分上斤斤计较。

一、管理机制

绩效赋能发挥效果的机制是，对组织或个人设定合理目标，建立有效的激励约束机制，使员工向着组织期望的方向努力，从而提高个人和组织绩效；通过定期进行有效的绩效评估，肯定成绩、指出不足，对达成组织目标有贡献的行为和结果进行奖励，对不符合组织发展目标的行为和结果进行一定的约束。对这套机制是否能真正产生效用的决定点不外乎两者：一是动态治理在落地该企业时设计的合理性，二是人的问题。

从绩效赋能的循环模型中可以看出，想要获得良性循环，以下四个环节非常重要：一是目标管理环节，二是考核环节，三是激励控制环节，四是评估环节。

目标管理环节的核心问题是保证组织目标、部门目标及个人目标的一致性，保证个人绩效和组织绩效得到同步提升，这是绩效计划制定环节需要解决的主要问题。

考核是绩效赋能发挥效用的关键，只有建立公平、公正的评估系统，对员工和组织的绩效作出准确的衡量，才能对绩效优异者进行奖励，对绩效低下者进行鞭策，如果没有绩效评估系统或绩效评估结果不准确，那么将导致激励对象错位，整个激励系统就不可能发挥作用了。

二、管理作用

（一）绩效赋能促进组织和个人绩效的提升

绩效赋能通过设定科学合理的组织目标、部门目标和个人目标，为企业员工指明了努力方向。

管理者通过绩效辅导沟通及时发现下属工作中存在的问题，给下属提供必要的工作指导和资源支持，下属通过工作态度及工作方法的改进，保证绩效目标的实现。

在考核评价环节，对个人和部门的阶段工作进行客观公正的评价，明确个人和部门对组织的贡献，通过多种方式激励高绩效部门和员工继续努力提升绩效，督促低绩效的部门和员工找出差距、改善绩效。

在绩效反馈面谈过程中，通过考核者与被考核者面对面的交流沟通，帮助被考核者分析工作中的长处和不足，鼓励被考核者扬长避短，促进个人发展；对绩效水平较差的组织和个人，考核者应帮助被考核者制定详细的绩效改善计划，并指导其落实。

在绩效反馈阶段，考核者应和被考核者就下一阶段工作提出新的绩效目标并达成共识，被考核者承诺完成目标。在企业正常运营情况下，部门或个人新的目标应超出前一阶段目标，激励组织和个人进一步提升绩效，经过这样的绩效赋能循环，组织和个人的绩效就会得到全面提升。

另外，绩效赋能通过对员工进行甄选与区分，保证优秀人才脱颖而出，同时淘汰不适合的员工。通过绩效赋能，使内部人才得到成长，同时吸引外部优秀人才，使人力资源满足组织发展的需要，促进组织绩效和个人绩效的提升。

（二）绩效赋能促进管理流程和业务流程优化

企业管理涉及对员工的管理和对事的管理，对员工的管理主要是激励约束问题，对事的管理就是流程问题。所谓流程，就是一件事情或一个业务如何运作，涉及因何而做、由谁来做、如何去做、做完了传递给谁等几个方面的问题，对四个方面的不同安排会对产出结果有很大的影响，极大地影响着组织的效率。

在绩效赋能过程中，各级管理者都应从公司整体利益及工作效率出发，尽量提高业务处理的效率，应该在上述四个方面不断进行调整与优化，使组织运行效率逐渐提高，同时逐步优化公司管理流程和业务流程。

（三）绩效赋能保证组织战略目标的实现

企业一般有比较清晰的发展思路和战略，有远期发展目标及发展规划，在此基础上根据外部经营环境的预期变化及企业内部条件制定出年度经营计划和投资计划，从而确定企业年度经营目标。企业管理者将公司的年度经营目标向各个部门分解为部门的年度业绩目标，各个部门向每个岗位分解核心指标就成为每个岗位的关键业绩指标。

三、激励机制

在绩效赋能模型中，激励效应起着非常重要的作用，激励效应取决于目标效价和期望值的乘积。目标效价指的是目标达成所获得的奖励对个体的激励程度或目标未达成对个体的惩罚程度；期望值指的是个体达成目标的可能性，与组织承诺兑现奖励或惩罚的可能性，只有这两个方面可能性都非常大，期望值才足够高。应注意的是：

- 激励内容和激励方式要恰当。

- 员工绩效目标要合理可行。

- 管理者要注意维护组织信用。

四、实施原则

绩效考核应着重注意以下几方面。

（1）清晰的目标。对员工实行考核的目的是让员工实现企业的目标和要求，所以目标一定要清晰。目标引导行为。

（2）量化的管理标准。考核的标准一定要客观，量化是最客观的表达方式。很多时候企业的考核不能推行到位，沦为走过场，都是因为标准太模糊，要求不量化。

（3）良好的职业化的心态。考核的推行要求企业必须具备相应的文化底蕴，要求员工具备一定的职业化素质。事实上，优秀的员工并不惧怕考核，甚至欢迎考核。

（4）与利益、晋升挂钩。与薪酬不挂钩的考核是没有意义的，考核必须与利益、薪酬挂钩，才能够引起企业由上至下的重视和认真对待。

（5）具有掌控性、可实现性。考核是企业的一种管理行为，是企业表达要求的方式，其过程必须为企业所掌控。

"三重一轻"原则是符合上述要求的，考核只有渗透到日常工作的每个环节当中，才能真正发挥效力。"三重一轻"原则具体要求如下。

（1）重积累：平时的点点滴滴，正是考核的基础。

（2）重成果：成果的反馈，才可以让员工看到进步，才有前进的动力。

（3）重时效：指定一个固定的时间考核，往往想不起来当初发生的事情。即时考，即时思。

（4）轻便快捷：复杂的考核方式，需要专业人员的指导才能取得预期效果。如今目标是并不复杂的中小企业，更侧重在通过轻量的方式，为管理者提供和积累考核素材。

五、存在缺陷的绩效赋能方式

（一）"德能勤绩"方式

"德能勤绩"方式曾一度被国内企业普遍采用，如今仍然有不少企业还在沿用这种思路。

"德能勤绩"方式的本质特征是：业绩方面的考核指标相较于"德""能""勤"等方面来说比较少；在大多情况下考核指标的核心要素并不齐备，没有评价标准，更谈不上设定绩效目标。本书用"德能勤绩"的概念，就是因为这类考核实质是没有"明确定义、准确衡量、评价有效"的关键业绩考核指标的。

"德能勤绩"方式除了上述典型特征，往往还具备如下特点：

（1）部分企业初次导入绩效赋能工具，便认为其唯一的重点就是绩效考核。

（2）没有部门考核的概念，对部门负责人的考核等同于对部门的考核。

（3）考核内容更像是对工作要求的说明，这些内容一般源于公司倡导的价值观、规章制度、岗位职责等。

（4）考核指标简单粗放，大多考核指标可以适用于同一级别岗位，甚至适用于所有岗位，缺少关键业绩考核指标。

（5）考核不能实现战略目标导向。

刚刚起步的企业，其基础管理水平通常不是很高，在这种情况下，"德能勤绩"方式是有积极作用的。这种方式对加强基础管理水平，增强员工责任意识，督促员工完成岗位工作，有积极的促进作用。但"德能勤绩"方式简单粗放，对组织和个人绩效的提升作用有限，虽然表面上看来易于操作，但其实考核过程随意性很大。企业发展壮大后，随着其基础管理水平的提高，绩效赋能将对精细性、科学性提出更高要求。

（二）"检查评比"方式

在国内管理实践中，"检查评比"方式还是比较常见的，采用这种管理方式的企业在通常情况下基础管理水平相对较高，企业决策层对绩效赋能工作比较重视，绩效赋能已经进行了初步的探索实践，已经积累了一些经验教训，但对管理的认识在某些方面还存在问题，绩效赋能的公平目标、激励作用不能充分发挥，绩效赋能的战略导向作用不能得到实现。

"检查评比"方式的典型特征是：按岗位职责和工作流程详细列出工作要求及标准，考核项目众多，单项指标所占权重很小；评价标准多为扣分项，很少有加分项；考核项目众多，考核信息来源是个重要问题，除个别定量指标外，绝大多数考核指标信息来自抽查检查；在大多数情况下，企业组成考察组，对下属单位逐一进行监督检查，颇有检查评比的味道，不能体现对关键业绩方面的考核。

"检查评比"方式对提高工作效率和质量是有很大作用的，通过定期、不定期的考核，员工会感受到压力，自然会在工作要求及标准方面尽力按照企业要求去做，对提高业务能力和管理水平有积极意义。

这种方式的考核，有两个重大缺陷：一是由于绩效赋能结果没有效度，也就是说，考核结果好的不一定就是对企业贡献最大的，绩效水平低的不一定考核结果差，这样自然制约着公平目标和激励作用的实现；二是由于考核项目众多，缺乏重点，实现不了绩效管理的导向作用，员工会感到没有发展目标和方向，缺乏成就感。

考核没有效度及不能实现战略导向作用大致有以下几个方面的原因：

第一，由于考核项目众多，员工感知不到组织发展的方向和期望的行为是什么，同时由于每项指标所占权重很小，因而即使很重要的指标，员工也不会过于在意。

第二，在考核操作实施过程中，抽查是普遍采用的方式。对于抽查中发现的问题，被考核者往往不从自身找原因，而是认为自己倒霉，坚持认为别人考核成绩好是因为别人运气好，存在的问题没有被发现，被考核者从心里就不会接受这样的考核结果。

第三，考核者对被考核者工作的认识和理解往往存在偏差，这样会导致内部的动态治理考核出现"无意识误差"；另外，考核者往往不是被考核者的直线上级，不必对被考核者的业绩负责，会导致考核具有随意性，使考核出现"有意识误差"，这两种情况都会使考核的公平公正性受到质疑。

（三）"共同参与"方式

在绩效赋能实践中，采用"共同参与"方式的企业的显著特征是崇尚团队精神，变革动力不足，管理者往往从稳定发展角度看问题，不愿冒太大风险。"共同参与"方式有三个显著特征：一是考核指标比较宽泛，缺少定量硬性指标，这给考核者留出很大余地；二是崇尚360°考核，上级、下级、平级和自我都要进行评价，而且自我评价往往占有比较大的权重；三是考核结果与薪酬发放联系不紧密，考核工作不会得到大家的极力抵制。

"共同参与"方式对提高工作质量，对团队精神的养成是有积极作用的，可以维系稳定的协作关系，约束个人的不良行为，督促个人完成各自任务，以便完成团队整体工作，在以绩效提升为主要目标、以团队协作为主要特征的企业中是适用的。但这种管理有其适用范围，如果采用不当会带来严重的负面效果，主要表现在以下几个方面。

第一，大部分考核指标不需要过多的考核信息，一般被考核者根据自己的印象就能打分，考核随意性较大，人情分现象严重，容易出现"有意识的误差"和"无意识的误差"。

第二，在自我评价占有太大的分量的情况下，由人的本性决定，在涉及个人利益关系的情况下，个人对自己的评价不可能公正客观，"吃亏"的往往是"实在人"。

第三，这种评价一般与薪酬联系不太紧密，薪酬的激励作用有限。

第四，表面氛围和谐，实则是对创新能力的扼杀，这在创新要求高的企业中是非常致命的。往往最终结果是，最有思想、最有潜力的员工要么被迫离开，要么被同化，不再富有创造力。

（四）"自我管理"方式

"自我管理"方式是世界一流企业推崇的管理方式，这种管理理念的基础是对人性的假设坚持"Y"理论：认为员工视工作如休息、娱乐一般自然；如果员工对某些工作作出承诺，他们会进行自我指导和自我控制，以完成任务；一般而言，每个人不仅能够承担责任，而且会主动寻求承担责任；绝大多数人都具备作出正确决策的能力，而不仅是管理者具备这一能力。

"自我管理"方式的显著特征是：通过制定激励性的目标，让员工自己为目标的达成负责；上级赋予下属足够的权力，一般很少干预下属的工作；很少进行过程控制考核，大多注重最终结果；崇尚"能者多劳"的思想，充分重视对人的激励作用，绩效赋能结果除了与薪酬挂钩，还决定着员工岗位的升迁或降级。

"自我管理"方式激励效应较强，能充分调动人的积极性，能激发有关人员尽最大努力去完成目标，对提高公司效益是有好处的，但这种模式应注意适用条件，如果不具备适用条件，可能会发生严重的问题和后果，不能保证个人目标和组织目标的实现。"自我管理"方式有如下特点。

第一，由于"自我管理"推崇的是"Y"理论人性假设，在目前中国社会发展水平下，如果缺乏有效的监督，那么期望员工通过自我管理来实现个人目标是不现实的。因为有的员工自制能力差，不能有效约束自己，如果不实行严格管理将不能达成其个人目标。

第二，"自我管理"方式缺乏过程控制环节，对目标达成情况不能及时监控，不能及时发现隐患和危险，等发现问题时可能已经太迟，没有挽回余地了，因此可能会给组织带来较大损失。

第三，绩效辅导实施环节工作比较薄弱，上级领导往往不能及时对被考核者进行绩效辅导，也不能及时给予下属资源上的支持，因此绩效赋能提升空间有限。

第四，被考核者通常小集体意识严重，不能站在公司全局角度看问题，被考核者的绩效目标与组织目标往往不一致，不能保证公司战略发展目标的实现。

六、绩效赋能的八大误区

对绩效赋能的错误认识是企业绩效管理效果不佳的最根本原因，也是最难突破的障碍，企业管理者对绩效赋能往往存在以下八大认知误区。

（一）绩效赋能是人力资源部门的事情，与业务部门无关

在企业绩效赋能实践中，有很多这样的事例，公司管理者对绩效赋能工作很重视，人力资源部门也下了很大功夫推进管理工作，但各部门管理者和员工对绩效赋能认识不够，总认为绩效赋能是人力资源部门或人事部门的事情。有的业务

部门经理认为填写考核表格会影响正常业务工作；作为直线领导不想参与对下属的业绩评价，认为自己评价有失公正；总想由人力资源部门或成立考核组来对员工进行考核。在这种思想观念影响下，某些部门尤其是业务部门会对考核消极应付，如果公司执行力不够强的话，业务部门的考核往往首先"流产"。

持"绩效赋能是人力资源部门的事情"这种观点的人不在少数，甚至某些公司决策者都这么认为。造成这种认知，深层次的原因和公司的发展阶段及员工的能力素质有关。首先，在企业规模不是很大的情况下，业务人员在公司具有举足轻重的地位，无论在收入上还是在地位上，业务人员比职能人员受到更多的重视，业务人员总认为绩效赋能是虚的东西，因此绩效赋能得不到业务人员的重视；其次，做业务出身的业务部门管理者，往往习惯了简单粗放的管理方式，对定期搜集考核数据信息、填写考核表格等工作会非常厌烦，同时由于还没有看到绩效赋能带来的好处，因此会极力抵制考核工作；最后，往往业务部门管理者对管理之责认识不到位，事实上，业务部门管理者应该将更多精力放在管理上而不是具体业务运作上，应该更好地激励、指导员工运作业务，而不是自己亲力亲为，管理的基本职能是计划、组织、领导、控制，这在绩效赋能循环的各个环节都会得到体现。

正确的认知应该是：人力资源部门只是绩效赋能的组织协调部门，各级管理人员才是绩效赋能的主角，各级管理人员既是绩效赋能的对象（被考核者），又是其下属绩效赋能的责任人（考核者）。

如何改变员工存在的上述认知呢？首先要进行思想灌输，使他们改变大业务员的思维定式，认识到管理的重要性；其次要对管理者进行管理，尤其是绩效赋能有关工具、方法和技巧的培训，提高管理者能力素质和企业管理水平；最后要从企业文化建设入手，加强公司的执行力，只要公司决策者大力推进，相信各级管理者和员工会逐渐接受绩效赋能，随着赋能的深入推进，各级管理者和员工会从绩效赋能中获得好处，就会得到各级管理者和员工的重视。

（二）绩效赋能就是绩效考核，绩效考核就是挑员工毛病

很多公司启动绩效赋能项目的时候，对绩效赋能并没有清楚的认识，认为绩效赋能就是绩效考核，把绩效考核作为约束、控制员工的手段，通过绩效考核给员工增加压力，以绩效考核不合格作为辞退员工的理由。有些企业盲目采用末位淘汰制，如果公司的企业文化、业务特点和管理水平并不支持采用这种方法，绩效考核自然会得到员工的抵制。

事实上，绩效赋能拥有一个完备的循环过程，由四个关键环节构成：绩效计划制定、绩效辅导沟通、绩效考核评价与绩效结果应用。很显然，绩效考核只是其中一部分罢了。绩效赋能的目的不是发绩效工资和奖金，不是涨工资，这些都是手段，绩效赋能的目的是持续提升组织和个人的绩效，保证企业发展目标的实现。绩效考核是为了正确评估组织或个人的绩效，以便有效进行激励，是绩效赋能最重要的一个环节。要想绩效赋能取得成效，上述四个环节的工作都要做好，否则就不能达到提升绩效的效果。

如何改变"绩效赋能就是绩效考核，绩效考核就是挑员工毛病"的错误认识呢？

首先，要使员工认识到绩效赋能和绩效考核会带来好处。无论绩效赋能还是绩效考核，并不会损害各级管理者和员工的利益，相反，会促进个人能力素质的提高，这在日益激烈的职场竞争中是非常关键的。其实，任何组织都不会因为没有绩效考核而不淘汰员工，没有绩效考核并不意味着是铁饭碗。绩效考核是一个非常有效的管理者与员工交流沟通的媒介，在绩效赋能过程中，员工会得到管理者的辅导和支持，绩效考核结果反馈使员工知道自己的缺点和不足，从而提高个人能力素质和业务水平。

其次，各级管理者对绩效赋能相关内容的学习、使用都要通过充分的培训来

深化，使其成为一种可以真正在企业中落地的工具。

（三）重考核，忽视绩效计划制定环节的工作

在绩效赋能实施过程中，很多管理者对绩效考核工作比较重视，但对绩效计划制定环节重视不够，这是初次尝试绩效赋能的企业经常遇到的问题。绩效计划是管理者和员工就考核期内应该完成哪些工作及达到什么样的标准进行充分讨论，形成契约的过程。绩效计划有哪些作用呢？

第一，绩效计划提供了对组织和员工进行考核的依据。

制定切实可行的绩效计划，是绩效赋能的第一步。制定了绩效计划，考核期末就可以根据由员工本人参与制定并作出承诺的绩效计划进行考核。对于出色完成绩效计划的组织和个人，应给予优异评价和奖励；对于没有完成绩效计划的组织和个人，管理者应帮助其分析没有完成绩效计划的原因并制定绩效改进计划。

第二，科学合理的绩效计划保证组织、部门目标的贯彻实施。

个人的绩效计划、部门的绩效计划、组织的绩效计划是依赖和支持的关系。一方面，个人的绩效计划支持部门的绩效计划，部门的绩效计划支持组织整体的绩效计划；另一方面，组织绩效计划的实现依赖部门绩效计划的实现，部门绩效计划的实现依赖个人绩效计划的实现。在制定组织、部门和个人绩效计划的过程中，通过协调各方面的资源，使资源向对组织目标实现起瓶颈制约作用的地方倾斜，促使部门和个人绩效计划的实现，从而保证组织目标的实现。

第三，绩效计划为员工提供努力的方向和目标。

绩效计划包含考核指标及权重、绩效目标及评价标准等方面。这对部门和个人的工作提出了具体、明确的要求和期望，同时明确表达了部门和员工在哪些方

面取得成就会获得组织的奖励。在一般情况下，部门和员工会选择组织期望的方向去努力。

在制定绩效计划过程中，确定绩效目标是最核心的步骤，如何科学合理地制定绩效目标对绩效赋能的成功实施具有重要的意义。许多公司的考核工作难以开展的原因就在于绩效计划制定得不合理，如果有的员工绩效目标定得太高，无论如何努力，都完不成目标，有的员工绩效目标定得比较低，很容易就完成了目标，那么这种事实上的内部不公平，会对员工的积极性造成很大的影响；绩效目标定得过高或过低，会降低薪酬的激励效应，达不到激发员工积极性的目的。科学合理地制定绩效计划是绩效赋能能够取得成功的关键环节。

（四）轻视和忽略绩效辅导沟通的作用

绩效赋能强调管理者和员工的互动，强调管理者和员工形成利益共同体，因此，管理者和员工会为绩效计划的实现而共同努力。绩效辅导沟通是指绩效计划执行者的直接上级及其他相关人员为帮助执行者完成绩效计划，通过沟通、交流或提供机会，给执行者以指示、指导、培训、支持、监督、纠偏、鼓励等帮助的行为。绩效辅导沟通的必要性在于以下几个方面：

● 管理者需要掌握员工工作进展状况，提高员工的工作绩效。

● 员工需要管理者对工作进行评价和辅导支持。

● 必要时对绩效计划进行调整。

（五）过于追求量化指标，轻视过程考核，否认主观因素在考核中的积极作用

定量考核指标在考核指标体系中占有重要的地位，在保证考核结果公正、客

观方面具有重要作用。但定量考核指标并不意味着考核结果必然是公正、公平的，考核结果公正、公平不一定需要全部是定量考核指标。要求考核指标全部量化的管理者，在某种程度上是不称职的，表明其没有正确评价下属工作状况的能力。

在企业绩效赋能实践中，很多管理者希望所有考核指标结果都能按公式计算出来，实际上这是不现实的，某种意义上是管理者回避了问题，也是管理者的一种偷懒行为。考核不是绩效统计，一定要发挥考核者的主观能动性，根据实际情况的变化，对被考核者作出客观、公正的评价。

为什么不能全部依靠定量考核指标呢？因为一个有效的定量考核指标必须要满足以下几个前提，任何一个前提不存在，定量考核指标的公平公正性就会受到质疑。在企业绩效赋能实践中，并不是所有的考核指标都满足以下条件。

第一，定量考核指标一定要符合公司发展的战略导向；如果定量考核指标不符合公司发展的战略导向，那么一定会产生南辕北辙的效果；很多公司对人力资源部考核指标都有一个关键人才流失率，而且这个指标定义得非常清楚科学，对什么是"关键人才"、如何鉴别"流失"都有明确规定。以这样一个指标考核人力资源部门是有问题的，关键岗位人员流失的原因是多方面的，下定决心要走的"人才"留下来对公司也不会有什么重大贡献。考核关键岗位人员"流失率"不如考核关键岗位人员"满足率"更适合。

第二，定量考核指标、绩效目标制定要科学合理，要考虑内部条件、外部环境等多方面因素。如果目标制定得不合理，没有充分考虑各种因素条件，那么会造成更大的不公平。在企业绩效赋能实践中，很多公司绩效考核最终不能坚持下来的最关键的原因，就是没有实质办法将绩效目标制定得公平、公正。

第三，定量考核指标可以明确定义、精确衡量，数据信息准确可靠并且获取成本有限。在实践中，很多定量数据的可靠性、有效性会受到质疑。

第四，定量考核指标、绩效目标的完成不会降低工作质量，否则会有非常严重的负面效果。以工作质量降低来满足工作数量要求对组织的损害是长期的和深远的。

很多公司对人力资源部门的考核指标有"培训工作完成及时率"，实践过这个指标的人力资源管理者应该知道，不会有哪个公司人力资源部门完不成这样的考核指标。事实上，这种考核指标的完成有时是以工作质量的降低作为代价的：本来不具备培训的条件，但先培训完了再说吧，培训的必要性和效果都会受到影响。

既然定量考核指标的运用需要一定条件，那么就应该发挥过程指标在考核中的重要作用，应该充分尊重直线上级在考核中的主观评价作用。事实上，没有任何人比直线上级更清楚地知道下属的工作状况，任何一个称职的领导都非常清楚下属的工作绩效状况，因此用过于复杂的方法寻求考核的公平、公正是低效的。

（六）忽略考核的导向作用

绩效赋能取得成效最重要的一点是实现考核与薪酬激励的公平公正性，只有公平、公正才能使人信服，才能促进个人和组织的绩效提升。但追求考核公平公正性应以实现考核的战略导向为前提。我曾向某部门经理询问："您能不能对下属的工作绩效进行有效区分，如谁绩效优秀，谁需要改进？"对这个问题他感到非常困惑，他说："有的工作很努力，但基础不是很好，工作效果一般；有的在业务方面大胆开创，但有时细节工作不到位；有的工作成绩平平，但计算机使用有特长，因此如果真要选择一个优秀的确非常困难。"

事实上这位经理的感受是具有代表性的，作为经理，他在对待考核工作的态度上是非常认真的，但对绩效赋能的认识还存在差距。事实上，考核要体现战略导向，在一定时期符合公司发展战略导向的行为就该受到奖励。如果公司本期对业务开拓创新有更高的要求，那么开拓创新的行为就该受到鼓励；如果公司业务发展压力较大，那么业务出色的员工更该受到激励。因此绩效赋能要考虑战略导向，绩效管理的目的是提升绩效。

在绩效赋能实践中还有一个普遍现象，就是尽量追求考核指标的全面和完整，考核指标涵盖了这个岗位几乎所有的工作，事无巨细地说明了考核要求和标准。

例如，某制造业集团公司对下属公司能源方面的监督考核指标多达60多项，很多项指标分值为1分甚至0.5分，最高的也不过5分，这样的考核指标不能突出重点，因此无法体现其战略导向。即使最重要的一个指标——"集团公司安排的节能改造项目"，没有如期完成也只不过减掉5分而已，该子公司仍然还可能获得90分以上评分，最核心的工作都没完成竟然还有机会评90分以上，这样的考核会有效果吗？过分追求指标的全面、完整必然会冲淡关键业绩指标的权重，使考核的导向作用大大弱化。

（七）考核过于注重结果而忽略过程控制

公平、公正地进行考核以便对业绩优异者进行激励是考核非常重要的一个方面，但考核绝不只是最终的"秋后算账"，通过过程考核对绩效计划执行环节进行有效监督控制，及时发现存在的问题，避免更大损失的发生是考核的重要方面。

（八）对推行绩效赋能效果抱有不切实际的幻想，不能持之以恒

绩效赋能是一个逐步完善的过程，绩效赋能取得的成效与企业的基础管理水平有很大关系，企业的基础管理水平不是短期就能快速提高的，因此，企业推行绩效赋能不可能解决所有问题，不要对绩效赋能期望过高。

很多企业推行绩效赋能不了了之，就是因为企业领导急功近利，希望通过绩效赋能迅速改变企业现状，短期是达不到这样的目的的。

绩效赋能会对企业产生深远的影响，但这种影响是缓慢的。绩效赋能影响着企业各级管理者和员工的经营理念，同时绩效赋能对促进和激励员工改进工作方法、提高绩效有很大的促进作用，但这些改变都是逐渐的，不是一蹴而就的，只有坚持才会有成效。

推行绩效赋能是企业发展的必然，只要正确看待绩效赋能的作用，从企业实际情况出发，扎扎实实地推进绩效赋能工作，组织和个人的绩效就会逐步提升，企业竞争力最终会得到提高。

第三节
动力机制

相较于主要针对企业内部的绩效赋能，动力机制面向全体内部事业合伙人和外部财富合伙人，该板块详细阐述了合伙人层级的升、降、进、退及合伙份额的增减机制，是企业在新商业时代引入合伙制度的必备指南。

一、合伙人身份定义及进退标准

（一）设计合伙人身份层级图

为公平、公正、公开地激励人才，现按照人才的岗位价值、工作履历、工作年限等因素设计了5种合伙人身份（见图4-5）：预备合伙人、初级合伙人、中级合伙人、高级合伙人、终身合伙人。

依据合伙人的绩效等因素对合伙人进行考评，实现合伙人身份的升、降、进、退及份额的增减。

每个企业在设计自己的绩效合伙人身份时，会面临一个总合伙人数限制的问题，也就是总体比例的问题。关于合伙人数限制实际上没有固定要求，但总体可以参照人才矩阵的"271规律"，也就是任何团队20%的核心人才创造80%的价值，70%是中规中矩的人才，剩下的10%是"人裁"（优秀的团队是淘汰出来的）。也就是说，20%是大部分企业采用的合伙人开放比例。

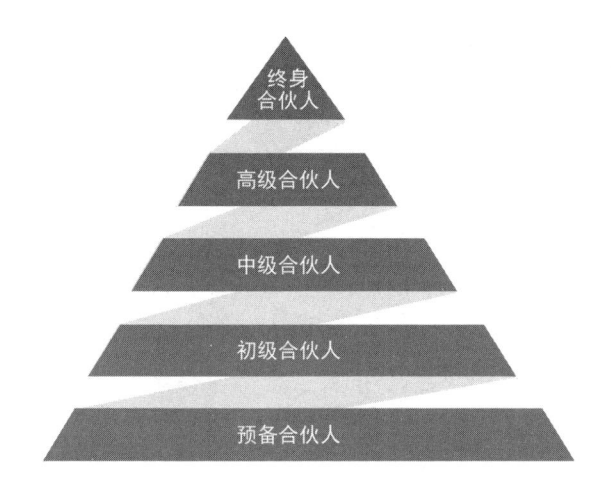

图 4-5 合伙人身份层级

（二）合伙人身份进入标准及层级

1.合伙人身份进入标准

某企业合伙人身份进入标准如下：

（1）预备合伙人。成为预备合伙人，须符合以下标准。①入职1年以上。②当年绩效≥0.85。③认可企业文化和合伙人机制。④无重大职务过失。

（2）初级合伙人。成为初级合伙人，须符合以下标准。①入职2年以上。②当年绩效≥1。③认可企业文化和合伙人机制。④无重大职务过失。

（3）中级合伙人。成为中级合伙人，须符合以下标准。①入职4年以上。②当年绩效≥1.2。③认可企业文化和合伙人机制。④无重大职务过失。⑤对部门有重大贡献。⑥培养人才。

（4）高级合伙人。成为高级合伙人，须符合以下标准。①入职6年以上。②当年绩效≥1.4。③认可企业文化和合伙人机制。④无重大职务过失。⑤对公司有重大贡献。⑥培养人才。

（5）终身合伙人。成为终身合伙人，须符合以下标准。①入职8年以上。②当年绩效≥1.5。③认可企业文化和合伙人机制。④无重大职务过失。⑤对公司有超额贡献。⑥培养人才。

要注意的是，每位新合伙人在入伙时，需要获得全体合伙人75%以上表决通过。

有以下特殊情况的人，可破格录入：①对公司、部门有重大贡献者。②有技术专长或资深行业背景者。

2.合伙人层级及门槛

某企业合伙人层级及门槛如下。

（1）预备合伙人（30人）。①高度认同企业的企业文化（使命、愿景、价值观），深刻理解并拥护企业的发展战略。②在公司工作2年及以上，主动学习、勇于接受新的挑战，为公司持续发展贡献力量、持续创造价值。

（2）黄金合伙人（20人）。①入职2年以上，具备培训并在一定周期内完成指导新人的工作能力。②价值观的测评连续6个月达标，缴纳合伙金5万元。

（3）铂金合伙人（10人）。入职3年以上，价值观测评连续6个月达标，是任职岗位中的核心人才，缴纳合伙金10万元。

（4）钻石合伙人（8人）。入职4年以上，价值观测评连续1年达标，独立带领团队落地公司阶段性战略目标，培养经理级人才，缴纳合伙金20万元。

（5）黑钻合伙人（5人）。入职5年以上，价值观测评连续1年达标，让公司阶段性战略目标落地，按照股权价值实缴合伙金。

（6）终身合伙人（3人）。入职8年以上，价值观测评连续1年达标，让公司阶段性战略目标落地，按照股权价值实缴合伙金。

3.各层级合伙人进入的合伙金缴纳标准

进入公司合伙平台的企业人员除了要符合一些基本资格要求，还需要缴纳一定数额的合伙金，同样，不同的合伙身份，需要缴纳的合伙金也不一样，预备合伙人无须缴纳合伙金。

（1）预备合伙人：无须缴纳合伙金。

（2）初级合伙人：必须缴纳合伙保证金（份额 $\times X\%$）。

（3）中级合伙人：必须缴纳合伙身份金（份额 $\times 100\%$）。

（4）高级合伙人：必须缴纳对应的股权份额金（实际注册股权）。

（5）终身合伙人：必须缴纳对应的股权份额金（实际注册股权）。

在签署合伙协议时，所有合伙人一定要在自己签名上按手印，对于所有合伙人都要采取限制性合伙份额，也就是除了分红权按照所拥有的合伙份额立即兑现，其他每个层级的各种权力全部要根据约定的捆绑期限逐月释放。

（三）合伙人身份退出规则

合伙人的退出形式分为以下3种。

1.正常退出

（1）合伙人在职期间，因个人原因主动要求退出。

（2）合伙人与公司正常解除劳动合同关系，包括但不限于辞职、解雇等情形，且不在公司下属单位及其关联公司任职。

自申请退出之日起，取消其合伙人身份，不再享受后续的分红，且未发放的分红不予发放，合伙人属于正常情形退出的，若缴纳了合伙保证金则全额退还合伙保证金，若缴纳了合伙身份金或股权份额金，按照"合伙人退出价格设计"中的价格进行退还，其增值收益根据协议约定退还。

2.恶劣性退出

（1）存在《中华人民共和国劳动合同法》第三十九条情形之一的。

（2）存在泄露公司秘密的行为，包括但不限于泄露公司商业秘密、技术秘密，本次合伙人激励要求保密、未对外公开说明的信息等。

（3）未经公司董事会或股东会批准，自营、与他人合营或为他人经营与公司业务相同或相似业务的。

（4）存在其他严重损害公司利益或名誉的行为。

自申请退出之日起，罢免其合伙人身份，不再享受后续的分红，且未发放的分红不予发放。合伙人属于恶劣性情形退出的，若缴纳了合伙保证金，只退还合伙保证金；若缴纳了合伙身份金或股权份额金，只退还合伙身份金或股权份额金，其增值收益将不予以发放；如给公司造成损失，须向公司进行赔偿，合伙保证金、合伙身份金或股权份额金优先用于赔偿公司的损失。

3.特殊性退出

（1）合伙人丧失劳动能力的。

（2）合伙人死亡、被宣告死亡或被宣告失踪的。

（3）合伙人达到法定或公司规定的退休年龄的。

（4）由于不可抗力或突发事件，致使本方案在法律或事实上已经无法继续履行的。

（5）其他非因合伙人过错而与公司终止劳动合同的。

合伙人属上述特殊退出情形之一的，根据具体情况保留或不保留其合伙人身份；若缴纳了合伙保证金，全额退还合伙保证金；若缴纳了合伙身份金或股权份额金，按照"合伙人退出价格设计"中的价格进行退还，其增值收益根据协议约定退还。

（四）合伙人退出价格设计

1. 公司IPO[①]报材料前退出

自缴纳合伙身份金或工商登记之日起，员工根据合伙人激励方案获得的份额或股份，由自缴纳合伙身份金或工商登记之日至发生退出行为之日（个人提交书面申请之日、离职之日、解雇之日等）的时间长度决定退出价格。

（1）自缴纳合伙身份金或工商登记之日起60个月内退出，退出价格＝合伙身份金或原始购股价格。

（2）自缴纳合伙身份金或自工商登记之日起60个月至96个月内退出，退出价格＝合伙身份金或原始购股价格＋退出时每股净资产增值部分×40%。

（3）自缴纳合伙身份金或工商登记之日起96个月至120个月内退出，退出价格＝合伙身份金或原始购股价格＋退出时每股净资产增值部分×80%。

---

① IPO：Initial Public Offering，首次公开募股。

（4）自缴纳合伙身份金或工商登记之日起120个月后退出，退出价格＝合伙身份金或原始购股价格＋退出时每股净资产增值部分×100%。

在公司IPO报材料前退出，需明确以下两点。

第一，退出时每股净资产增值部分指自合伙身份金缴纳或股金缴纳时点当年1月1日起至退出时点上一年度末期间公司经审计的每股净资产增值部分，以公司财务部报送、公司董事会公布的数据为准。

第二，如退出时公司存在累计亏损现象，则合伙人须以合伙企业登记的出资额为限，按其持有的公司股份比例承担亏损。累计亏损的计算时间自入股时点当年1月1日起至退出时点上一年度末。

2.公司IPO审核期间退出

自公司向证监会报送IPO资料之日至公司在证券交易所成功IPO之日，考虑证监会对于股份确定性的要求，避免影响公司的IPO进程，该段时间内一律不接受、不办理任何员工的股份退出。若确有必要退出，则由公司董事会讨论评议，确认对公司的资本市场运作无重大影响，审核通过后方可办理员工退出手续，此时退出价格仍按照前述"公司IPO报材料前退出"的规定计算。

3.公司IPO成功后退出

（1）自IPO成功之日起，须根据中国证监会、证券交易所等资本市场监管机构的相关要求对股票进行统一锁定、限售的管理。

（2）持股平台解除限售后，由持股平台根据《中华人民共和国证券法》、《中华人民共和国公司法》、合伙协议相关规定及公司实际情况决定是否在二级市场进行减持。

（3）若由持股平台统一减持，减持收益由各合伙人按在持股平台的出资比例共同享有。若个人退出，则结合市场价格，具体根据公司董事会每年公布的退出价格，由持股平台普通合伙人回购出资份额退出。

需要注意的是，退出股份的处理原则是，在公司IPO成功前，所获授的股份退出时，须转让给持股平台普通合伙人或其指定人，不可转让给其他人。

二、合伙人身份考评

（一）合伙人身份晋升标准

考评设计方案是绩效合伙人系统前期最重要的、最花费精力的一个板块。

考评设计方案的核心是持续提高内部合伙人解决问题的能力及动力，解决外部合伙人的科学评价对于平台承诺的贡献值兑现问题。

（1）预备合伙人晋升为初级合伙人的标准：预备合伙人在同身份的合伙人中绩效结果最优且系数大于1，可晋升为初级合伙人。

（2）初级合伙人晋升为中级合伙人的标准：初级合伙人在同身份的合伙人中绩效结果最优且系数大于1.2，可晋升为中级合伙人。

（3）中级合伙人晋升为高级合伙人的标准：中级合伙人在同身份的合伙人中绩效结果最优且系数大于1.4，可晋升为高级合伙人。

（4）高级合伙人晋升为终身合伙人的标准：高级合伙人在同身份的合伙人中绩效结果最优且系数大于1.5，可晋升为终身合伙人。

在合伙人身份晋升中，需要注意以下事项。

● 以上所有晋升条件均为达到标准可晋升，但不存在跨级晋升。

- 在晋升时获得全体合伙人75%以上通过。

- 有重大贡献者可破格晋升，但不存在跨级晋升。

- 合伙人在合伙身份晋升时，补足相对应的合伙保证金或股权份额金。

（二）合伙人身份降级标准

（1）预备合伙人的降级标准：预备合伙人在同身份的合伙人中绩效结果最差且系数小于0.85，直接除名。

（2）初级合伙人的降级标准：初级合伙人在同身份的合伙人中绩效结果最差且系数小于1，降为预备合伙人。

（3）中级合伙人的降级标准：中级合伙人在同身份的合伙人中绩效结果最差且系数小于1.2，降为初级合伙人。

（4）高级合伙人的降级标准：高级合伙人在同身份的合伙人中绩效结果最差且系数小于1.4，降为中级合伙人。

（5）终身合伙人的降级标准：终身合伙人在同身份的合伙人中绩效结果最差且系数小于1.5，降为高级合伙人。

在合伙人身份降级中，需要注意以下事项。

- 对未达到绩效标准的合伙人做降级处理，但不存在跨级降级。

- 经某合伙人提议，并获得全体合伙人75%以上表决降级，可对合伙人进行降级处理。

- 合伙人有重大职务过失或对公司声誉造成重大影响，或对公司业绩造成重大损失，可启动除名程序。

（三）合伙份额的分配定义

1. 合伙份额增减规则

企业某成员被确定成为合伙人时须为其明确当年的合伙份额，同时根据当年的绩效确定此合伙人次年的合伙份额。

次年合伙份额＝当年合伙份额 × （1 ± $X\%$ ）

2. 合伙份额分配的 3 大指标

合伙人的合伙份额是根据 3 大指标进行计算与评定的，这 3 大指标有的绝对客观，有的较为主观。

合伙份额是基于合伙人过往的工作年限、岗位价值、综合评估 3 大指标来分配的；合作分额仅是作为分红的凭证，以及在进行实际股份[①]转化时的一个数据依据。

（1）工作年限。在本公司的工作年限作为评定合伙人份额的第一个要素（见表4-1），由人事部客观认定自然年，例如，某员工自2019年6月初在本公司工作，到2022年12月评定合伙人，那么其工作年限认定是3年。

表4-1　工作年限

工作年限	授予标准（万份）
10年以上	5
8~10年	4
5~8年	3
3~5年	2
1~3年	1

---

① 合伙人所持有的合伙份额不完全对应合伙人升级为股东时所持有的实际股份。

（2）岗位价值。岗位价值与岗位责任作为评定合伙人份额的第二个要素（见表4-2），充分体现了按劳分配的公平性原则。

表4-2 岗位价值

岗位	授予标准（万元）
总经理	10
副总经理	8
总监	6
主管	4
专员	2

（3）综合评估。综合评估作为评定合伙人份额的第三个要素（见表4-3），包括资历、技术（管理水平）、行业威望等因素，需要结合所在岗位未来对企业战略价值的重要性进行综合评价。

表4-3 综合评估

综合评价等级	授予标准（万份）
★★★★★	12
★★★★	10
★★★	8
★★	6
★	4

三、合伙人激励机制设计

（一）合伙人身份激励科目设计

合伙人本身就带有激励性质，设计不同的合伙人身份是为区别每个合伙人享受到的激励种类与数量（见表4-4）。

表4-4　合伙人身份激励科目设计

合伙人身份	物质激励	精神激励	机会激励
终身合伙人	资本溢价（上市）、公司新项目跟投、控股公司项目跟投 超额分红、在职分红、增值收益		
高级合伙人	资本溢价（上市）、公司新项目跟投 超额分红、在职分红、增值收益		
中级合伙人	超额分红、在职分红、增值收益		
初级合伙人	超额分红、在职分红		
预备合伙人	超额分红		

需要说明的是，各项物质激励来自合伙人委员会决议分配的奖金包，合伙人的物质激励总和由合伙人的份额、绩效决定。

- 超额利润分红：当利润超过约定的目标后，对超出的利润提取一定比例用于合伙人激励。

- 在职利润分红：根据公司税后净利润，提取一定比例用于合伙人激励。

- 增值收益：当每份权益上升时，合伙人享有其所对应的合伙份额的增值收益。

- 资本溢价：当公司做到一定规模后，会考虑进入资本市场，已注册成为股东的合伙人享有公司股权的资本溢价收益。

1.合伙人基础份额测算

根据3大指标的评定结果（工作年限、岗位价值、综合评估）计算出每个合伙人对应的合伙份额（见表4-5）。

合伙份额=工作年限指标数+岗位价值指标数+综合评估数

表4-5 合伙份额测算

合伙人	工作年限	岗位价值	综合评估	份额（万份）
X总	4	10	10	24.00
H总	3	8	10	21.00
S总	4	8	6	18.00
Z主管	1	4	8	13.00
C主管	2	4	4	10.00

2.加入动态考评后的份额变化

每年度对合伙人进行动态考评，让同级别的合伙人获得公平、公正的合伙分配。

假设对年度动态考核结果通过优、好、良、合格、不合格5个类别进行区分，然后对考核结果核定出每个分数区间，再设定对应的系数（见表4-6）。

表4-6 动态考评后的份额变化

考核类别	优	好	良	合格	不合格
考核结果	$X \geq 95$	$85 \leq X < 95$	$70 \leq X < 85$	$60 \leq X < 70$	$X < 60$
考核系数	1.2	1	0.8	0.6	0

此绩效评价方案需要由合伙人委员会在启动绩效合伙人机制之前，提前商定好；出于动态考评的需要，每年度合伙人委员会须根据合伙人全员的贡献、绩效结果，设定出一个让合伙人努力一下便够得着的指标。

在做绩效合伙人份额测算时，有以下3种情况，需进行辨证、分析。

（1）同身份合伙人绩效系数均小于或等于1（见表4-7），计算公式一：合伙人超额利润分红或在职利润分红＝合伙人身份奖金包×个人份额在同身份合伙人中的占比×个人绩效系数，计算出的同身份合伙人的分红总额是小于或等于合伙人身份奖金包的。

表4-7　绩效系数小于等于1份额测算

合伙人	份额（万份）	绩效
H总	21	0.8
S总	18	1

如中级合伙人中，合伙人身份奖金包为54万元。

H总分红 = 54×［21/（21+18）］×0.8 ≈ 23.26（万元）

S总分红 = 54×［18/（21+18）］×1 ≈ 24.92（万元）

中级合伙人分红总额为48.18万元，小于54万元。

（2）同身份合伙人绩效系数均大于1（见表4-8），计算公式二：合伙人超额利润分红或在职利润分红＝合伙人身份奖金包×合伙人绩效×合伙人份额/（同身份每个合伙人绩效×合伙份额的加和），计算出的同身份合伙人的分红总额是等于合伙人身份奖金包的。

表4-8　绩效系数大于1份额测算

合伙人	份额（万份）	绩效
H总	21	1.2
S总	18	1.2

如中级合伙人中，合伙人身份奖金包为54万元。

H总分红 = 54×21×1.2/（21×1.2+18×1.2）≈ 29.08（万元）

S总分红 = 54×18×1.2/（21×1.2+18×1.2）≈ 24.92（万元）

中级合伙人分红总额为54万元。

（3）同身份合伙人绩效系数个别大于1，个别小于1（见表4-9）。

表4-9　绩效系数个别大于1、个别小于1份额测算

合伙人	份额（万份）	绩效
H总	21	1.2
S总	18	0.6

首先，用公式验算：①计算公式一为合伙人超额利润分红或在职利润分红=合伙人身份奖金包×个人份额在同身份合伙人中的占比×个人绩效系数；②同身份合伙人分红加总。

其次，验算出同身份合伙人分红加总小于合伙人身份奖金包的可按计算公式一进行分配。

如中级合伙人中，合伙人身份奖金包为54万元。

H总分红=54×[21/(21+18)]×1.2≈34.89（万元）

S总分红=54×[18/(21+18)]×0.6≈14.95（万元）

中级合伙人分红总额为49.84万元，小于54万元。

需要注意的是，若计算结果大于合伙人身份奖金包（见表4-10），启用计算公式二：合伙人超额利润分红或在职利润分红=合伙人身份奖金包×合伙人绩效×合伙人份额/(同身份每个合伙人绩效×合伙份额的加和）。

表4-10　大于合伙人身份奖金包的份额计算

合伙人	份额（万份）	绩效
H总	21	1.2
S总	18	0.8

如中级合伙人中，合伙人身份奖金包为54万元。

先用公式一：

H总分红 = 54 × [21/（21+18）] × 1.2 ≈ 34.89（万元）

S总分红 = 54 × [18/（21+18）] × 0.8 ≈ 19.94（万元）

中级合伙人分红总额为54.83万元，大于54万元。

启用计算公式二：

H总分红 = 54 × 21 × 1.2 /（21 × 1.2 + 18 × 0.8）≈ 34.36（万元）

S总分红 = 54 × 18 × 0.8 /（21 × 1.2 + 18 × 0.8）≈ 19.64（万元）

中级合伙人分红总额为54万元。

（二）合伙人的分配机制

1.合伙人分到的第一桶金：超额利润分红

计算公式如下：

超额利润分红总额 =（实际税前利润 − 税前利润目标）× 提取比例

假设超额利润为240万元，提取50%的利润作为超额利润分红。预备合伙人享受25%的超额利润分红；中级合伙人享受45%的超额利润分红；终身合伙人享受30%的超额利润分红。以上分配比例，可根据合伙人委员会决议重新设定。

那么每个合伙人身份所获得的身份奖金包：终身合伙人为36万元；中级合伙人为54万元；预备合伙人为30万元。

2.合伙人分到的第二桶金：在职利润分红

假设目标利润为240万元，提取10%的利润作为在职激励。中级合伙人享受40%的在职利润分红；终身合伙人享受60%的在职利润分红。以上分配比例，可根据合伙人委员会决议重新设定。

每个合伙人身份所获得的身份奖金包：终身合伙人为9.6万元；中级合伙人为14.4万元。

3.合伙人分到的第三桶金：增值收益

增值收益=合伙身份金（或原始股金）×（退出时净资产/原始净资产）

值得注意的是企业进入资本市场后的估值问题。

由于企业所处行业特点、企业发展阶段、市场环境及其他各种不确定因素的影响，企业估值方法不尽相同。在当前被主流学术界接受的观点中，对外经贸大学国际会计系教研室原副主任丘创先生（现任景华天创北京咨询有限公司首席专家）曾对企业估值进行了如下系统描述。

（1）帮助企业建立战略投资和财务投资的长期财务预测模型，可以使用蒙特卡罗方法，对随机变量指标按概率分布进行统计模拟分析。

（2）运用自由现金流量折现模型、经济增加值或经济利润模型、股利折现模型及基于市场比率的估值模型等对投资的财务可行性进行分析。

（3）对企业自身、投资对象进行不同战略情境演绎下的估值。

（4）对企业围绕流动资金占用和投资的融资需求作出融资工具的选择和安排。

第五章

合伙增长

CHAPTER

5

第五章

合伙增长

在前文中我们说过中小企业是国民经济的毛细血管，在提高劳动生产效率、扩大就业、缩小收入差距、促进市场竞争等方面发挥着重要作用。可是因为疫情的影响，国家整体经济增长缓慢，再加上中小企业抵御风险的能力不足，中小企业面临前所未有的经营压力。

我们用天眼查找到了"注册注销比"（注册数量与注销数量的比值）作为小微企业活跃状况的度量（其比值越高，说明注册数量多于注销数量，活跃度越高）。结果表明，小微企业活跃度持续下滑。从存活周期层面看，中国小微企业平均寿命为3~5年，非小微企业多在10年以上。从融资层面看，中小企业占信贷资源比重提升至5成，但仍以短期贷款为主。从自主创新层面看，中小企业贡献了7成的专利创新，但是在研发投入上差距明显。从人才层面看，中小企业贡献了8成就业，但对于高精尖人才的吸引力不足。

通过以上数据可知，中小企业融资困难，人才吸引力不足，技术研发水平有待提高。就目前而言，大多数企业想要靠自己闭门造车走出未来是不现实的，只有把资源在企业间流转起来，做好合伙这件事，搭建一个好的平台，才会有源源不断的人才、资金进入其中，这正是绩效合伙人系统所提倡的"筑巢引凤，相融共生"。

本章主要包括合伙的顶层架构和大量的融合裂变案例。希望能给有合伙意愿的读者，在真正实操时以有效的指导，并且最大限度地保障自己的合法权益。

第一节
合伙的顶层架构

一、治理结构与平台设计

公司治理结构是指为实现资源配置的有效性，所有者（股东）对公司的经营管理和绩效进行监督、激励、控制和协调的一整套制度安排，它反映了决定公司发展方向和业绩的各参与方之间的关系。典型的公司治理结构是由所有者、董事会和执行经理层等形成的一定的相互关系框架。根据国际惯例，规模较大的公司，其内部治理结构通常由股东（大）会、董事会、经理层和监事会组成，它们依据法律赋予的权利、责任、利益进行相互分工，并相互制衡。

股东（大）会由全体股东组成，是公司的最高权力机构和最高决策机构。

公司内设机构由董事会、监事会和总经理组成，分别履行公司战略决策职能、纪律监督职能和经营管理职能，在遵照职权相互制衡的前提下，客观、公正、专业地开展公司治理，对股东（大）会负责，促使公司实现最佳的经营业绩。

董事会是股东（大）会闭会期间的办事机构。

股东（大）会、董事会和监事会皆以形成决议的方式履行职能，总经理则以行政决定和执行力予以履行职能。

全体股东认同一个价值趋向，以现金或其他出资方式，衡量股份权益，形成契约，成立有限公司，企业的安全性和成长性均取决于该公司内设机构是否积极地履行职能。

股东（大）会作为公司价值聚焦的"顶点"，为了维护和争取实现公司最佳经营业绩，公司价值投射到董事会、总经理和监事会3个利益"角位点"，此3个利益"角位点"相互制衡形成"三角形"；"顶点"和"三角形"构成"锥形体"，这是公司治理结构的标准模型（见图5-1）。

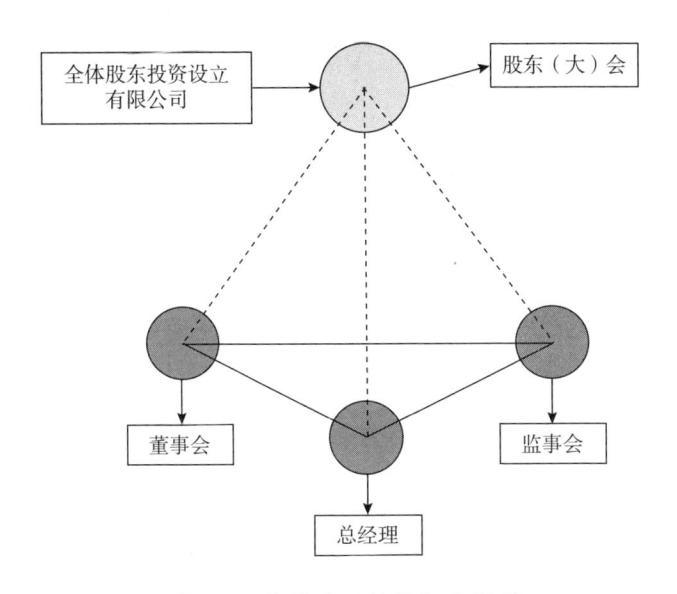

图5-1 公司治理结构标准模型

众所周知，三角形是这个世界上最稳定的结构。

股东（大）会判定公司安全性和成长性的基准是董事会、总经理和监事会3个利益"角位点"不可以重合或处于同一直线，更不得与"顶点"重合或处于同一平面；一旦出现这些状况，表示该公司处于特定时期或危急状态。

董事会、总经理和监事会需要根据各自利益趋向争取权利和最大利益，"三角形"版图面积逐渐变大，这也正是企业实力不断增强的体现，否则，结果正好相反。"三角形"和"顶点"构成"锥形体"的高度，体现了企业发展战略的高度，"锥形体"的体积体现了企业的市场竞争力。

一个企业就像一个人，企业的"大脑"是董事会，企业的"心脏"是总经理，总经理及其辖制的经营管理部门也就是企业的"五脏六腑及肢体器官"，企业的"免疫系统"是监事会，企业的"神经系统"则是"公司法人治理结构"（见图5-2）。

二、公司治理结构要解决涉及公司成败的3个基本问题

（一）如何保证投资者（股东）的投资回报，即协调股东与企业的利益关系

在所有权与经营权分离的情况下，由于股权分散，股东有可能失去控制权，企业被内部人（管理者）所控制。这时控制了企业的内部人有可能作出违背股东利益的决策，侵犯股东的利益。这种情况会引起投资者不愿投资或股东"用脚表决"等后果，有损企业的长期发展。公司治理结构正是要从制度上保证投资者（股东）的控制与利益。

（二）企业内各利益集团的关系协调

企业内各利益集团的关系协调包括对经理层和其他员工的激励，以及对高层管理者的制约。这个问题的解决有助于处理企业各集团之间的利益关系，又可以避免因高管决策失误给企业造成不利影响。

（三）提高企业自身的抗风险能力

随着企业发展不断加速，企业规模不断扩大，企业中股东与企业的利益关系、企业内各利益集团的关系、企业与其他企业的关系及企业与政府的关系将越来越复杂，发展风险会越来越大，尤其是法律风险。合理的公司治理结构，能有

第五章 合伙增长

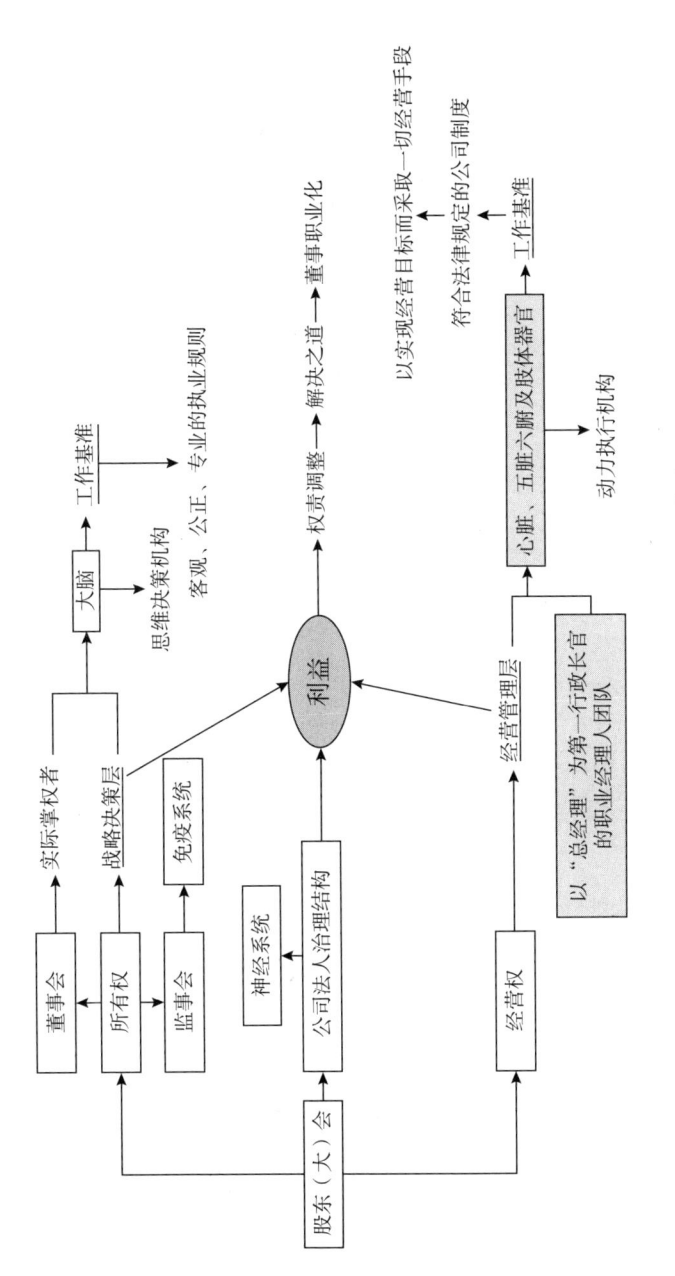

图 5-2 公司治理结构利益关系

效缓解各利益集团之间的冲突，增强企业自身的抗风险能力。

三、公司治理结构设计的原则

1999年5月，由29个发达国家组成的经济合作与发展组织（OECD），理事会正式通过了其制定的《公司治理结构原则》，它是政府间发布的第一个关于公司治理结构的国际标准，并得到国际社会的积极响应。

《公司治理结构原则》旨在为各国政府部门制定有关公司治理结构的法律和监管制度框架提供参考，也为证券交易所、投资者、公司和各参与者提供指导，此处我们给出中国石油天然气股份有限公司的治理结构供读者参考（见图5-3）。

《公司治理结构原则》的主要内容如下：

（1）公司治理结构框架应当维护股东的权利。

（2）公司治理结构框架应当确保包括小股东和外国股东在内的全体股东受到平等的待遇；如果股东的权利受到损害，他们应有机会得到补偿。

（3）公司治理结构框架应当确认利益相关者的合法权利，并且鼓励公司和利益相关者为创造财富和工作机会，以及为保持公司财务健全而积极地进行合作。

（4）公司治理结构框架应当保证及时、准确地披露与公司有关的任何重大问题，包括财务状况、经营状况、所有权状况和公司治理状况的信息。

（5）公司治理结构框架应确保董事会对公司的战略性指导和对管理人员的有效监督，并确保董事会对公司和股东负责。

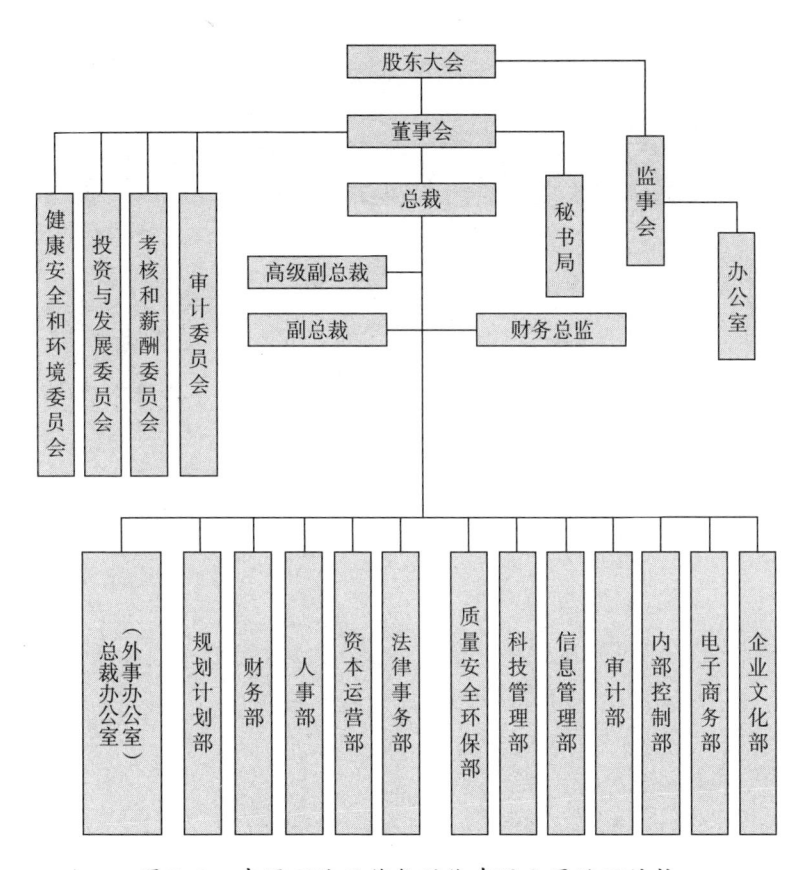

图 5-3　中国石油天然气股份有限公司治理结构

从以上几点可以看出，这些原则是建立在不同公司治理结构基础之上的，该原则充分考虑了各个利益相关者在公司治理结构中的作用，一个公司的竞争力提升和最终成功是利益相关者协同作用的结果，是不同资源提供者特别是员工作出的贡献。

实际上，一个成功的公司治理结构并非仅限于"股东治理"或"共同治理"，而是吸收二者的优点，并考虑本公司环境，不断修改优化而成的。

四、有限合伙企业的作用

案例：蚂蚁集团的股权架构

2020年11月3日，有望问鼎全球最大规模IPO的蚂蚁科技集团股份有限公司（简称蚂蚁集团）上市陡生变故，上交所决定暂缓公司上市。蚂蚁集团何时重启IPO尚不得知，但其股权结构作为有限合伙持股的经典之作，值得我们细细品鉴。

蚂蚁集团股权架构如图5-4所示。

```
  马云      井贤栋     胡晓明      蒋芳
  34%       22%        22%        22%
              │
       杭州云铂投资咨询
          有限公司
       │            │
    普通合伙人    普通合伙人
  ┌─────────┬─────────┬──────────┬────────┐
  杭州君瀚股权投资合  杭州君澳股权投资合  杭州阿里巴巴网络   其他股东
  伙企业（有限合伙） 伙企业（有限合伙）  科技有限公司
    29.8621%        20.6556%         32.6470%        16.8353%
                         │
                      蚂蚁集团
```

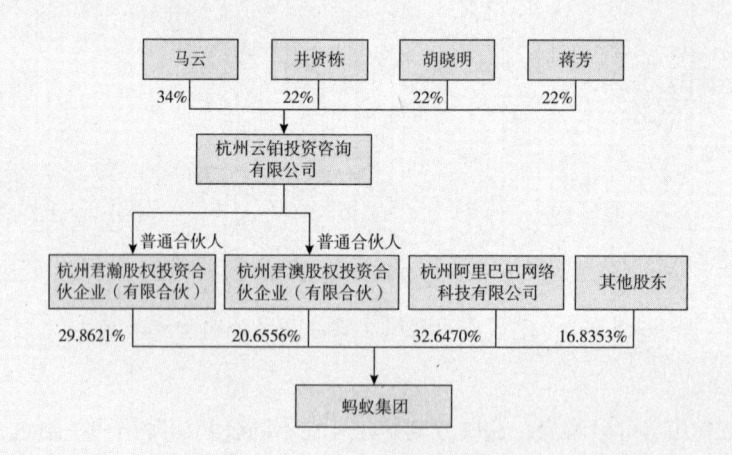

图5-4　蚂蚁集团股权架构

通过蚂蚁集团的股权架构图，可知马云控制蚂蚁集团的路径如下：

- 马云控制杭州云铂投资咨询有限公司（注册资本1010万元）。

- 杭州云铂投资咨询有限公司作为普通合伙人，控制杭州君瀚股权投资合伙企业和杭州君澳股权投资合伙企业。

- 杭州君瀚股权投资合伙企业和杭州君澳股权投资合伙企业控制蚂

> 蚁集团。
>
> 不难看出，马云以较少的投资（认缴杭州云铂投资咨询有限公司注册资本343.4万元），通过作为有限合伙企业的普通合伙人，间接控制着总市值2.1万亿元的蚂蚁集团。控制权的放大器，非有限合伙企业架构莫属。

那么，对有限合伙企业有哪些法律规定？从税务筹划、企业管理角度出发，有限合伙企业有哪些优势，又存在哪些适用误区？

（一）关于有限合伙企业的法律规定

根据《中华人民共和国合伙企业法》，合伙企业分为普通合伙企业和有限合伙企业。有限合伙企业与普通合伙企业的区别在于，除了普通合伙人，合伙企业还包括有限合伙人。在合伙企业中，普通合伙人对合伙企业的债务承担无限连带责任，有限合伙人对合伙企业的债务承担有限责任。

（1）有限合伙企业和普通合伙企业的比较如表5-1所示。

表5-1 有限合伙企业和普通合伙企业

分类	有限合伙企业	普通合伙企业
纳税	不缴纳企业所得税，由合伙人分别缴纳所得税	
组成	普通合伙人 有限合伙人	普通合伙人
合伙人人数	2个以上50个以下	2个以上

（2）有限合伙人和普通合伙人的比较如表5-2所示。

表5-2 有限合伙人和普通合伙人

分类		有限合伙人	普通合伙人
责任		以其认缴的出资额为限对合伙企业的债务承担责任	无限连带责任 无限责任：合伙企业无法承担债务才轮到合伙人； 连带责任：对外连带，对内按份
资格	自然人	无要求	应当具有完全民事行为能力
	法人	无要求	国有独资公司、国有企业、上市公司及公益性事业单位、社会团体不得成为普通合伙人
出资		不得以劳务出资	可以劳务出资，劳务出资的评估办法由全体合伙人协商确定
财产份额的转让	对外转让	有限合伙人对外转让份额应当按照合伙协议的约定进行；应当提前30日通知其他合伙人；人民法院强制执行有限合伙人的财产份额时，在同等条件下，其他合伙人有优先购买权	合伙协议有约定的按照约定，没有约定须经其他合伙人一致同意； 在同等条件下，其他合伙人有优先购买权，但合伙协议另有约定的除外
	对内转让	应当通知其他合伙人	
财产份额出质		可以将其拥有的财产份额出质，但合伙协议另有约定的除外	必须经其他合伙人一致同意

（二）有限合伙企业的优势

1.钱权分离、分股不分权

与《中华人民共和国公司法》相比，《中华人民共和国合伙企业法》赋予了合伙人设计机制极大的灵活性，无论利益分配还是权力分配。通过合伙协议的自由约定，创始人可以成为普通合伙人，承担合伙企业的无限连带责任，享有合伙企业的全部表决权，但不分配收益，即只要"权"不要"钱"。

高管员工作为有限合伙人，不享有表决权，但可以享受合伙企业的收益，即只要"钱"不要"权"。同时，"钱权分离"的过程也是普通合伙人控制权扩大的过程。这是因为有限合伙人出资所拥有的份额，其表决权也被普通合伙人所控制，该份额被视为控制权放大的部分。公司实际控制人或控股股东担任普通合伙人，能够以较少的资金投入，控制较多的份额。

2.避免双重征税

合伙企业属于税收透明体，合伙企业的收益无须缴纳企业所得税，仅由合伙人分别缴纳所得税。股东持有股权，源于股权的收益分为"股权转让收入"和"股息红利分红"。假设被投资方是境内非上市公司，我们对不同持股方式下个人股东的税负水平进行对比。

（1）股权转让收入的税负如表5-3所示。

表5-3 股权转让收入的税负

持股方式	最终税负	备注
个人直接持股	20%	按"财产转让所得"计税
通过有限公司间接持股	双重征税，税率40%	持股平台税负：企业所得税税率为25%； 股东个人税负：将持股平台税后利润分红给股东，股东个人所得税税率为20%； 因此，综合税负=25%+（1-25%）×20%=40%
通过有限合伙企业持股	创投企业：可选择适用20%的税率 税基：收入-成本 或35%的税率 税基：收入-成本-费用-损失	持股平台合伙企业税负：0
通过有限合伙企业持股	非创投企业：按生产经营所得适用5%~35%超额累进税率；极个别可享受20%的税率	持股平台合伙企业税负：0； 每个合伙人为纳税义务人，合伙人为自然人的，缴纳个人所得税；合伙人为企业的，缴纳企业所得税

（2）股息红利分红时的税负如表5-4所示。

表5-4 股息红利分红时的税负

持股方式	最终税负	备注
个人直接持股	20%	按"利息、股息、红利所得"计税
通过有限公司间接持股	20%	居民企业直接投资其他居民企业取得的股息红利等权益性投资收益为免税收入，但是公司持股平台将得到的股息红利分配给个人股东时，须按20%的税率缴纳个人所得税

续表

持股方式	最终税负	备注
通过有限合伙企业持股	20%	合伙企业对外投资分回的股息红利，不并入合伙企业的收入，而是单独作为有限合伙企业个人所得的利息、股息、红利所得应税项目计税

通过上面的分析，我们可以看出有限合伙企业相较于自然人直接持股、有限公司间接持股，在股息红利分红时的税负没有比较优势，但在卖股套现时的税负比有限公司间接持股的税负低。

因我国分税制导致地方政府为了争夺税源，存在一些"税收洼地"。"税收洼地"是指一些地区如西藏山南、新疆霍尔果斯、江西新余等为了招商引资，给予企业税收福利，如税收优惠、财政返还、核定征收。所以将有限合伙企业和"税收洼地"特殊税收待遇相结合，可以实现节税效果。

由于合伙人的个税交在有限合伙企业的注册地，有限合伙企业设在"税收洼地"，旨在通过改变纳税地点，达到享受"税收洼地"的特殊待遇并最终实现节税的目的。因此，节税考量是有限合伙企业受到青睐的原因之一。

3.可提高决策效率

以公司型持股平台为例，其完整的治理结构包含股东（大）会、董事会和监事会等，召开会议必须一一通知到位，对股东（大）会决议的规范性也提出了要求，管理成本较高。选择有限合伙企业就避开了这一问题，精简的治理结构使合伙企业的决策高效，内部沟通成本大幅度降低。

（三）有限合伙企业的劣势

没有哪一种股权架构是完美无瑕的，有限合伙企业虽有四两拨千斤之妙，但在使用时仍要谨慎，主要是因为其存在以下劣势：

1.容易侵蚀有限合伙人的利益

《中华人民共和国合伙企业法》第67条和第68条规定："有限合伙企业由普通合伙人执行合伙事务。""有限合伙人不执行合伙事务，不得对外代表有限合伙企业。"普通合伙人执行合伙事务，可以完全控制有限合伙企业，实现分股不分权。然而，站在有限合伙人的角度，这恰恰是一个劣势，因为这样极易发生普通合伙人图谋个人利益而损害有限合伙人利益的情形。

此外，有限合伙人通过有限合伙企业间接持股核心公司，将导致其对股权的控制力下降，因为不管是分配股权投资收益，还是转让股权套现退出，都需要通过执行合伙事务的普通合伙人实施，不能直接在公司层面操作。

2."税收洼地"陷阱

上市公司三五互联（300051）曾在2013年称其股东中网兴管理咨询有限公司从福建厦门搬家至西藏山南，原因是在当时迁址至山南可变更为合伙企业，并且合伙企业在纳税后可以享受实缴所得税60%比例的财政返还。

但山南的规定与国家税法相冲突，实施了一段时间后便被叫停了。

3.税收负担陷阱

（1）持有期的分红收益需纳税。通过合伙企业取得被投资公司分配的股息红利，需要缴纳个人所得税。但若持股平台为有限公司，由于居民企业之间的股息红利免征企业所得税，如果股东将分回的股息红利留在持股公司层面不分配，那么就不用交任何税。这样一来，可以将持股公司作为一个资金池，将从被投资公司收到的股息红利再投资。

但是以合伙企业持股，官方主流观点认为，在合伙企业取得股息红利时就要交税，无法享受类似递延纳税的好处。

（2）不享受针对个人税收的优惠。根据现行税收政策，个人持有新三板公司或上市公司的股票，其取得的股息红利可以根据持股期限享受优惠税率，但如果个人通过合伙企业间接持股，则无法享受上述税收待遇。

另外，当中小高新技术企业用资本公积、盈余公积、未分配利润转增股本时，个人股东可以申请递延纳税的税收优惠，如果个人通过合伙企业间接持股中小高新技术企业，那么无法享受上述税收待遇。

五、有限合伙企业的应用场景

（一）员工持股平台

以合伙企业作为员工持股平台，将被激励对象放在有限合伙企业中作为有限合伙人，主要有两个优点：一是股东每次发生变动在合伙企业层面变动即可。如果高管员工直接持股，则其每次离职变动都要进行工商登记，手续烦琐，费时费力。二是高管员工作为有限合伙人仅对公司债务承担有限责任。

（二）财权分离度极高的创始人股东

公司在发展的过程中，要经历多轮融资，随着股东不断加入，创始人的股权被逐渐稀释。此时，可以利用有限合伙架构，约定由创始人作为普通合伙人享有话语权，投资人作为有限合伙人实现财务投资目的，最终保证创始人对公司的控制。

（三）短期套现的财务投资人

部分地区为进行招商引资，对合伙企业有财政返还政策，财政返还适合于有短期变现意图的投资人。如果是长期持股平台，由于财政返还政策的不稳定性，尚需要综合考虑税务清算的必要性、工商变更的便利性等因素，需要慎重考虑。

六、如何设立一家合伙企业

合伙企业的设立，和公司的设立有类似的地方，在所有的申请文件都准备好之后，通过审批而获批成立，但也有许多不同的地方，特别是第一次设立合伙企业的人会感觉有点摸不着头脑。

（一）先搞清楚自己要成立的是哪一种合伙企业

常见的合伙企业有两种：一种是普通合伙企业，另一种是有限合伙企业。

普通合伙企业由普通合伙人组成，普通合伙人是对企业的风险承担无限连带责任的合伙人，也是最纯正和最传统的合伙人。

因此，在普通合伙企业里，所有的合伙人在法律上的地位、权利、义务是平等的，都有执行合伙事务的权利。

有限合伙企业由普通合伙人和有限合伙人组成，要求必须至少有一名普通合伙人和一名有限合伙人。

假如有限合伙企业中的有限合伙人退伙了，让这家企业只留下了普通合伙人，那么依法这家企业就应当转换为普通合伙企业。

假如有限合伙企业中的普通合伙人因为种种原因退伙了，只留下了有限合伙人，那么这家有限合伙企业就应当"散伙"，不存在了。

有限合伙人的权利是小于普通合伙人的，没有执行合伙事务的权利，当然对应的责任也小了很多，有限合伙人只在自己的出资范围内承担责任，也就是说，只要完成约定的出资义务，有限合伙人对合伙企业就没有其他义务了。

对这两种合伙企业类型的选择，取决于实际需求和运用，这两种类型没有优劣之分。

（二）合伙人商议签订合伙协议

与公司章程不同，在合伙企业中起限制规范作用的是合伙协议，合伙协议是合伙企业的核心所在，因为合伙就是依靠协议连接合伙人的。

合伙协议的起草，相比普通公司的章程来说，要有难度得多，对于起草协议的技巧要求比较高，原因在于合伙协议中可以自由约定的内容太多，法律强制性规定的内容太少，也就是说，在合伙协议中80%以上的内容都是可以按需定制的，自由度太大了，反而难得多。就像是吃饭的时候菜单中的选项太多，需要花时间和脑力去研究与选择一样。

有些地区的市场监督管理部门会有一些示范样本，就像那些公司章程示范样本一样。不过尽量不要在未经仔细研究的前提下就随随便便地直接复制、粘贴其他企业的合伙协议，"拿来主义"出问题的概率非常大。

要从自己的需求出发，然后再去制定相应的协议内容。如合伙协议这类自由度极大的协议类型，由于均是以不同的需求拟定出来的合伙协议，假如不看标题，可能都不会认为它们是一个类型的，复杂程度可想而知。

合伙协议的起草还有一个重要的特性就是这份协议具有一定的长期性。这里的长期性不是说它本身是长期的，而是说一旦签订后很难随意修改。

在一股独大的公司里，控股股东想要修改公司章程是一件比较容易的事情，几乎可以直接交给行政部的负责人去办理，自己不用太操心。在合伙企业里则不同，合伙企业中的表决原则上是按人头算票数的，不依靠出资多少来算票数，所以要修改合伙协议必须得到足够人数的合伙人同意,同时需要一系列相关工作配合。例如,在办理变更登记的过程中取得合伙人的签字,是一件不太容易的事情。

(三)确定执行事务合伙人

合伙协议内容确定好后,就要确定执行事务合伙人了。

合伙企业没有法定代表人这个职位,但有一个执行事务合伙人的职位。确定执行事务合伙人有以下3条原则:

(1)由普通合伙人担任,有限合伙人不得担任。

(2)合伙人可以委托一名或数名合伙人作为执行事务合伙人,其他人就不再执行合伙事务。

(3)合伙人之间对此没有约定的,所有的普通合伙人都是执行事务合伙人。

执行事务合伙人是一个非常重要的职位,对外能直接代表合伙企业,这和公司制下的法定代表人类似,同时又是内部合伙事务的总操盘手,类似公司制下的CEO。

单一执行事务合伙人与多名执行事务合伙人,这两种模式究竟有什么不同呢?

前者效率高,一位执行事务合伙人对于除重大事项外的事务都能直接作出决策,但是可能会无法充分发挥其他合伙人的作用。后者由数名合伙人执行合伙事务,更有利于产生强强联合的倍增效应,但是在职能分工、配合、协调及互相监督等方面需要较高的设计技巧,如果机制没有设计好反而会陷入内部混乱、冲突及决策僵硬的局面。

执行事务合伙人应当定期向其他合伙人报告事务执行情况及合伙企业的经营和财务状况，其执行合伙事务所产生的收益归合伙企业所有，所产生的费用和亏损由合伙企业承担。

在合伙协议没有特别约定的情况下，合伙人分别执行合伙事务的，执行事务合伙人可以对其他合伙人执行的事务提出异议。在提出异议时，应当暂停该项事务的执行。如果发生争议，那么一般事项由合伙人过半数同意后通过（一人一票），重大事项由全体合伙人同意后通过。

（四）确定经营范围和合伙期限

很多人在成立合伙企业时，合伙期限填写得比较随意。其实，合伙期限也是要配合合伙项目的需求来定的。对于那些计划在合伙一定时间内没有达到预期效果时就结束的项目，就可以使用合伙期限的约定，以便期限届满时自然终止合伙，达到合伙之前的计划要求。

合伙，本来就是可长可短的，可以就一个行业进行经营，以不定期限的方式进行合伙，也可以就一个固定的项目进行合伙，项目结束、分配完成就散伙。

（五）着手申请注册合伙企业

当上面这些实质性的文件和内容都已经准备好了，就可以着手去申请注册一家合伙企业了。

首先是企业查名。合伙企业的命名，除了企业字号，在企业的完整名称里要写明"普通合伙"还是"有限合伙"，不能使用"公司"这类词语。在实践中，合伙企业有的取名为某某中心，有的取名为某某事务所，选择较多，建议参考一下其他合伙企业的命名，或许会带来一些灵感。

在准备登记所需的资料时，请严格按照当地市场监督管理部门的要求进行，事先做一次咨询或直接委托专业中介机构操办。

另外，也不是所有合伙人协商确定的事情都要写进合伙协议里，有些内容可以以其他有效的法律文件的形式另行存在。要合理区分内容，原则上长期不会变的内容、法律规定必须要有的条款，一定要写进合伙协议里；其他内容可以用其他协议或规章制度等文件形式来实现。

（六）完善内部合伙人机制和制度

在申请设立合伙企业的同时，应当在企业内部建设完成必要的机制和制度。虽然这些制度不是申请设立需要的材料，但是从实务角度来说，这项工作应当在决定设立合伙企业之前就完成大部分内容，毕竟大家建立合伙企业的目的是从事经营，不是为了合伙而合伙。

其中，合伙协议没有提及的有关合伙人之间的各项约定、合伙企业的具体工作计划和安排、具体的初期工作安排都应当在确定合伙初期就全部敲定，部分内部用于管理员工的规章制度可以在合伙之后适时制定。

当合伙企业获得批准取得营业执照后，后续的银行开户、税务登记、印章制作等事务性工作与设立一家新公司没有什么不同。

第二节
融合裂变

本节主要以案例的形式来向各位直接地展示，在新商业时代，企业如何通过内部创业融合人力资本持续裂变人才，如何通过项目跟投融合财富资本持续裂变资金，如何通过众筹众创融合多方资本持续裂变资源。

一、万科的事业合伙人制度

（一）制度的触发事件

1.互联网思维引发的焦虑

（1）雷军的问话引起的担忧。2013年，雷军问时任万科总裁的郁亮："你们的房子价格能不能降一半？"这个问题让郁亮思考了很久。2013年底，郁亮在深圳的一次内部演讲中坦承，他担心未来房地产行业出现类似小米的搅局者，以互联网的思维模式打乱行业旧秩序，威胁甚至取代以万科为代表的行业模式。

（2）万科对互联网思维的认识。万科管理学院设计了名为"之间"的高管游历项目，万科高管团队密集拜访了4家互联网先锋企业：腾讯、阿里巴巴、海尔和小米。郁亮在参观总结中说，参观让万科明白了3个道理：第一，对新事物要敞开心胸去拥抱；第二，找到变化背后的不变；第三，传统企业要利用新的工具做好原有的业务。

2.房地产行业进入白银时代

（1）房地产行业黄金时代与白银时代的特征。房地产行业经过多年发展，已经走到了下半场。郁亮用一个非常形象的方式来描述这项转变：从黄金时代进入白银时代。黄金时代的最主要特征，就是几乎没有存货风险，不动产始终快速升值。在白银时代，不动产的价格将结束单边的快速上涨，单纯依靠持有资产升值的盈利模式将不复成立。房地产企业必须回归真正的实业领域，依靠产品和服务的真实价值创造来赚钱。

(2)行业转型时期万科遇到的挑战。尽管万科在管理方面一直是行业的典范,但依然要根据行业的大势主动转型,应对挑战。另外,作为超大型公司,万科持续增长的压力也越来越大。在游历过程中,腾讯、阿里巴巴、海尔、小米的生态系统建设让万科高管团队印象深刻,阿里巴巴的合伙人制度更是给了万科很大的启发。

3.管理层欲掌握自己的命运

除了以上内容,万科管理层同时也希望通过事业合伙人机制牢牢掌握公司和自己的命运。长期以来,万科股权高度分散(2014年前,第一大股东华润仅持股15%),经营层持股低,实际意义上的控制人缺位,时刻面临被恶意收购的威胁。1994年,"君万之争"差点让万科管理层"卷了铺盖";2015年,万科股价处于历史低点时,"宝万之争"的硝烟再次燃起(见表5-5)。

郁亮提出合伙人计划以"自己掌握自己的命运"。

表5-5 万科历次控制权争夺战

年份	事件	起因	结果
1994	"君万之争"	以君安证券为首的几个股东联合"逼宫",欲夺取控制权	管理层反对,停牌3天,查出对手"老鼠仓"迹象并举证
2000	华润第1次尝试控股	华润以定向增发B股的方式收购万科,以控股万科50%	散户和小股东反对,认为华润开价太低
2001	华润第2次尝试控股	华润欲将北京置地44.2%的股份注入万科,以达控股目的	华远地产(北地子公司)管理层反对
2015	百亿元回购计划	7月"股灾"之后,欲提升大股东持股比例及股价	后因股价超过回购价格,仅完成1.6亿元
2015	"宝万之争"	"宝能系"耗资近400亿元,从二级市场持续增持至24.28%(停牌前),成为第一大股东	管理层反对,引入深圳地铁并宣布停牌重组(截至6月19日尚无短期复牌迹象)

续表

年份	事件	起因	结果
2016	万科华润反目	按重组预案，初步交易价格为456.13亿元；完成后深圳地铁将晋升为第一大股东（20.65%），"宝能系"持股降为19.27%，华润持股降为12.1%	董事会以超过2/3票数通过此次预案。3名华润董事集体投反对票，并明确表示在股东大会上将继续投反对票

（二）万科长期激励实践历史及合伙人制度

从万科长期激励实践历史来看，从经济利润奖金制度到事业合伙人制度，是个循序渐进的历程（见表5-6）。

表5-6　万科长期激励实践历史

年份	变革举措	举措说明	背景
2010	推出了经济利润奖金制度	如果公司的ROE超过社会平均收益，将从经济利润（EP）中按规定比例计提奖金；反之，要按照相同比例赔偿	2008年，受市场影响，万科的ROE降低到12.7%，仅略高于当时的社会平均股权收益（12%）
2014	推出了合伙人持股计划	经济利润奖金的全体奖励对象自愿把滚存的集体奖金，加上杠杆买成公司股票	2014年，受股市大盘和房地产市场的影响，万科的股价跌到了2010年中期的最低点
2014	推出了项目跟投制度	项目的管理团队和城市公司的管理层，需要拿出自己的钱（加杠杆）和公司共同投资	向投行和美国的合作伙伴学习，让所有的员工都能够把项目变成自己的事情来对待

续表

年份	变革举措	举措说明	背景
2015	全面鼓励内部员工创业	郁亮签署《万科集团内部创业管理办法》，即合伙人2.0版本，适用于离职创业员工	城市配套服务商涉及范围太广，万科强调做一个生态链，鼓励更多人参与，一起做大

在万科看来，事业合伙人制度不仅是一项激励制度，更是一种发展机制、一种管理机制、一种分享机制（见图5-5）。说是发展机制，是因为它面向未来，并不解决万科眼前的问题，而是解决万科未来10年的问题，通过事业合伙人机制，能够在未来10年里把万科的舞台越做越大；说是管理机制，是因为它将彻底改变万科的管理方式，而不仅仅是个奖励制度；说是分享机制，是因为万科希望通过事业合伙人机制，更好地解决投资者和员工之间的利益分享。

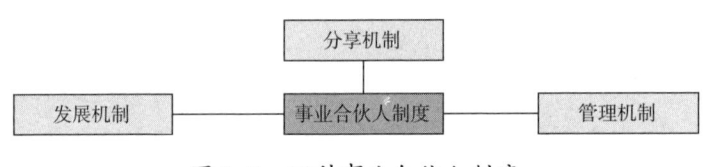

图5-5 万科事业合伙人制度

（三）万科事业合伙人制度的内涵

1.分享机制：共创、共享、共担

分享机制要解决的是职业经理人与股东之间利益不一致的问题。根据房地产行业的特点，我们从持有公司股份和持有项目股份两个方面谈分享机制，即事业合伙人持股计划和项目跟投制度（见图5-6）。

第五章
合伙增长

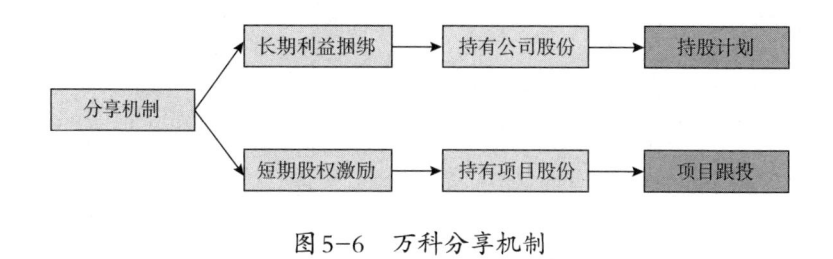

```
分享机制 ──┬── 长期利益捆绑 ── 持有公司股份 ── 持股计划
           └── 短期股权激励 ── 持有项目股份 ── 项目跟投
```

图5-6　万科分享机制

事业合伙人持股计划如图5-7所示。2014年4月23日，万科召开合伙人创始大会，1320名员工（公司高级管理人员、中层管理人员、由总裁提名的业务骨干和突出贡献人员）率先成为首批万科事业合伙人。集团层面的合伙人持股计划平台为盈安财务顾问企业（简称盈安合伙），在自愿原则下可以选择参与公司的事业合伙人持股计划。盈安合伙不存在一个预设的持股目标，在二级市场持续增持万科股票。截至万科停牌重组，盈安合伙累计耗资近50亿元，持有万科A的4.14%股权，位列单独股东第三位，市值超100亿元。

项目跟投制度如图5-8所示。项目所在一线公司管理层和该项目管理人员必须跟投。董事、监事、高级管理人员以外的其他员工可自愿参与投资。员工初始跟投份额不超过项目资金峰值的5%。万科在项目、区域公司和集团层面共成立了3个投资平台。深圳市盈达投资基金管理有限公司成立于2012年，早于万科跟投制度前成立，项目跟投只是其业务之一。跟投平台随项目经营现金流回正、分红，项目结束，则注销。万科认为项目跟投制度对其经营质量的提升明显。实行项目跟投制度后，其项目开盘认购率增长4个百分点，开盘周期缩短近5个月，首次开盘的毛利率增长6个百分点。2015年，万科全年的销售费用为41.4亿元，占销售金额的比例为1.58%，较2014年下降0.52个百分点。

2.发展机制：从开发商到平台运营商

（1）生态系统布局。未来10年，万科最重要的业务仍是住宅。但为了保持公司良好的增长，并为之后的第二十个发展期奠定基础，万科需要在这10年内基本完成新业务的探索与布局，确定新的商业模式。在传统的住宅业务之外，新业务包括计

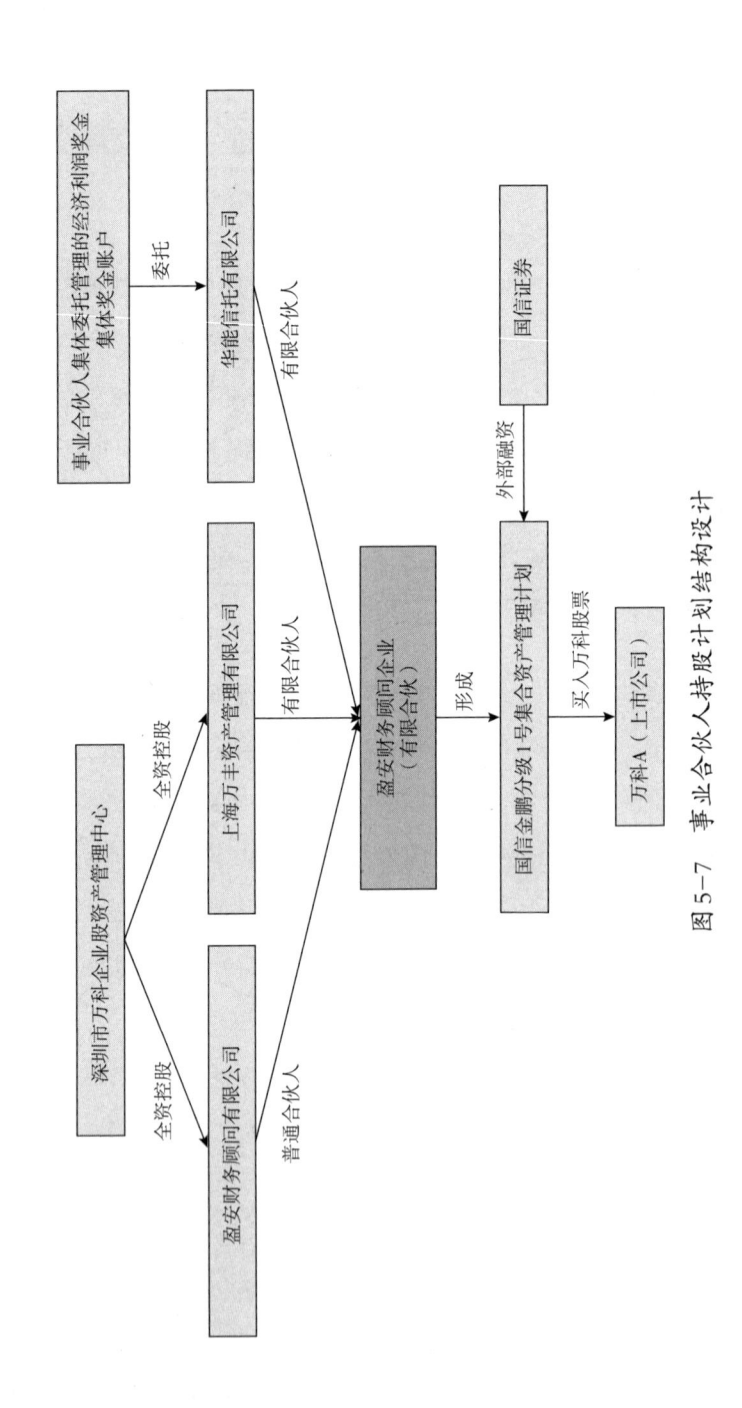

图 5-7 事业合伙人持股计划结构设计

划加大在度假物业、服务式公寓、新型商用中心、社区商业等消费体验地产、创业产业园、物流地产等产业地产，以及物业服务、装修与智能家居、建筑产业化等地产延伸业务方面的探索力度。

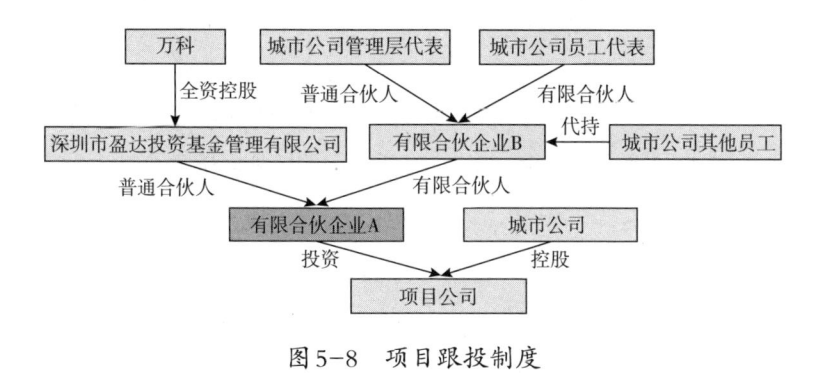

图 5-8 项目跟投制度

（2）离职创业机制（小草计划）。2015年4月15日，万科发布《万科集团内部创业管理方法》，公司支持工作年限超过2年的员工离职创业，即合伙人2.0版本，适用于离职守业员工。此外，万科设想把产业链的上下游、资金方、土地方，以及总包、设计、营销甚至离职员工等都变成合伙人，类似互联网所说的众包、众筹，为合伙人3.0版本。

（3）外部合伙人计划。此前，郁亮曾表示，原万科高级副总裁肖莉、毛大庆在离开后，依然是万科的外部合伙人，与万科联系紧密。"外部合伙人"指虽然在万科没有行政职位，但仍然在外部为万科作贡献的人，如毛大庆还会帮当时新上任的北京区域首席执行官刘肖出谋划策。另外，万科在毛大庆的项目优客工场（UrWork）也有投资。

3.管理机制：扁平化、去中心化

（1）组织扁平化。郁亮用"瘦脸"来形容万科对总部精简的过程。2015年，万科对组织结构进行大调整，使其更加扁平化，合并了一些部门，也突出了某些部门的重点职责及业务状态。如突出IT系统的流程与信息系统部、发展中的商业地产部、拓展各种新玩法和运维的事业发展部。按照当时提出的设想，未来万科将在现有业务的基础上，设立8个事业部。组建事业部后，事业部将单独核算，独立承担经营任务指标和业务开拓目标。同时，向事业部下放一系列关键权力，使事业部"权责一致""权利和义务对等统一"。

（2）事件合伙人制度。在日常管理上，由于大部分的重要工作都涉及跨部门协作，因此万科以事件合伙人制度来破解部门间的壁垒。事件合伙人群组因事件发生而诞生、因事件存续而存在。它是一种无边界小组，超越传统的职能部门划分。同一个人可能同时加入多个事件合伙人群组，尤其是那些知识和技能具有广度的人；在一个事件合伙人群组内部，信息传递完全是扁平的。在这一过程中，以前都是由职位最高的人来做组长的，现在则由最有发言权的人来做组长。这样就进一步打破了传统架构中依靠层级和权力来开展工作的习惯。

二、韩都衣舍小组制合伙人裂变模式

（一）制度背景

成立于2008年的韩都衣舍，最初只是一家不起眼的网店品牌，但在不断创新发展中，韩都衣舍成为电商界的最大奇迹：2012—2016年，在天猫、京东和唯品会等电商平台，连续4年服饰类综合排名第一；在2014年，韩都衣舍更是成为天猫历史上第一个类目三冠王，即"年度第一""双十一第一""双十二第一"。

综观韩都衣舍的发展历程，合伙人裂变模式功不可没。以小组制为核心的单品全程运营体系如图5-9所示。

所谓"以小组制为核心的单品全程运营体系"，即3人为一组，每个小组都具有运营、选款设计、商品制作、对接生产管理订单、销售的能力，实现全员参与的经营，并独立核算，精细核算到每个员工。

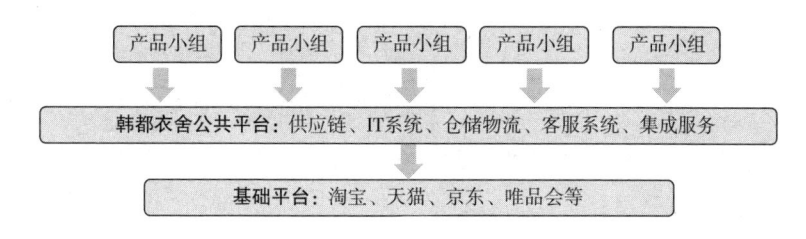

```
┌──────┐ ┌──────┐ ┌──────┐ ┌──────┐ ┌──────┐
│产品小组│ │产品小组│ │产品小组│ │产品小组│ │产品小组│
└──────┘ └──────┘ └──────┘ └──────┘ └──────┘
        ↓
┌────────────────────────────────────────────────┐
│韩都衣舍公共平台：供应链、IT系统、仓储物流、客服系统、集成服务│
└────────────────────────────────────────────────┘
        ↓
┌────────────────────────────────────┐
│基础平台：淘宝、天猫、京东、唯品会等│
└────────────────────────────────────┘
```

图5-9　韩都衣舍以小组制为核心的单品全程运营体系

一般而言，产品小组由产品设计师、货品管理专员、网页制作专员3人构成，其责任、权力和利益如图5-10所示。

产品设计师（选款师）⇄ 网页制作专员 ⇄ 货品管理专员

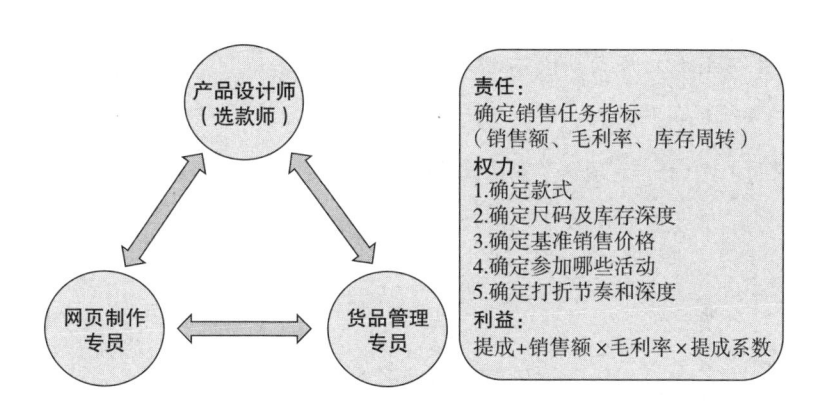

责任：
确定销售任务指标
（销售额、毛利率、库存周转）
权力：
1. 确定款式
2. 确定尺码及库存深度
3. 确定基准销售价格
4. 确定参加哪些活动
5. 确定打折节奏和深度
利益：
提成+销售额×毛利率×提成系数

图5-10　产品小组的责任、权力和利益

如今，韩都衣舍拥有300多个产品小组，每个小组由2~3名成员组成，负责产品设计、页面制作、货品管理等非标准化环节。正是基于这些小组，韩都衣舍才得以在最小业务单元上实现"责、权、利"的统一，并培养出在企业公共服务平台上的"自主经营体"。

（二）制度举措

为了充分发挥合伙人裂变模式的优势，韩都衣舍进一步完善了相关制度，主要包含6个层面的内容。

1.授权机制

韩都衣舍对小组充分授权：每个小组同时具备传统门店的所有权利，上什么样的新品、定什么样的价位、做什么样的促销、打什么样的折扣及如何控制库存周转都由小组决定。

2.分配机制

小组实施"基本工资+提成"的分配模式。

当提成机制和销售额挂钩而不是基于毛利润的时候，销售员更多地是想如何做业绩，常常存在过度营销的情况，甚至有业务人员帮助顾客申请优惠和折扣的情况，因为给顾客的优惠对销售人员并无太大影响，但是对公司来说，价格下降10%，利润可能会下降30%左右。用毛利润提成的方式，将销售人员和公司利益捆绑在一起，非常有效地避免了这种情况的发生。

3.考核机制

韩都衣舍也会对小组设定任务和考核，小组目标完成后，公司财务会给这个小组目标销售额的一半作为资金，也就是说，目标是200万元，财务给100万元。

4.运转机制

韩都衣舍每天公布小组的排名情况，在激励上也会向业绩优秀的小组倾斜，因此小组和小组之间的竞争非常激烈，这其中包括人员的抢夺和小组的分裂与组合。

5.职能部门激励机制

关于对职能部门的激励，韩都衣舍有很完善的投诉机制，小组对职能部门不满，可直接投诉到运营管理组，并马上开始追究，投诉和职能部门的利益挂钩，一下子就解决了很多公司不知道如何管理与激励财务部、人力资源部、行政部等的问题。

6.重复裂变机制

值得一提的是，为了进一步提升合伙人裂变模式的效果，韩都衣舍还设计了重复裂变机制：

（1）每日进行小组业绩排名。

（2）小组奖金分配由组长决定。

（3）允许一人小组的存在。

这样的机制能够进一步激发员工积极性，从而真正提升企业运营和创新效率。

小组制合伙人裂变模式带给韩都衣舍的最大的收益有两个方面：

一方面，运营效率大大提升。在公司规定范围内，每个小组都可以按照自己的规划进行产品设计、生产、页面制作、新品上架、打折促销等工作，不需要请示汇报。

另一方面，市场反应快，客户满意度高。在得到消费者反馈后，小组可以迅速对产品进行优化调整，提升客户满意度。

三、德佑单元合伙人制度

众所周知，加盟店模式在中国并不少见，但在房产经纪行业，使用加盟模式的企业很少有成功的。从0裂变到10000家门店，拥有19万个经纪人，德佑只用了523天！为什么德佑发展和裂变的速度如此之快？它背后的成功秘诀又是什么？

我们总结为一句话：全靠德佑独创的单元合伙人制度！德佑的单元合伙人制度，简单来讲就是单元合伙模式中对分股模式的运用。通过股权分配，让员工持有门店股份，成为门店的合伙人，让员工变成创业者，店长变成老板。

这套合伙人制度到底有什么魅力？具体又是如何操作的呢？

（一）员工变创业者

德佑早期流失了不少基层管理人才，学到了本事，就跳槽找下个东家，因此，公司就开始想办法留住这些人，而最好的方式，就是分钱、分权。

德佑先是从一些优秀的员工中，选拔出可当店长的人选，然后跟他们说，我掏钱开店，你一分钱不用出，帮我经营管理就行，最后利润咱们三七分，店长拿30%，总部拿70%。

这就相当于白给员工一个店，让员工当老板赚钱，但是想要成为店长，拿到分红，就要付出努力，换句话说，德佑总部是要给店长任务的，每个店长都需要与公司签订业绩目标协议。只有门店经营，达到约定好的营业额后，合伙的店长才能拿到30%的利润分红；反之，则没有利润分红。在这种约束下，店长就必须全心全意地搞业绩、搞管理、拿分红，对于德佑总部来说，分权和分钱也达到了很好的均衡。

（二）"师徒制"做人才裂变

德佑523天开了10000家店，这个"神话"的背后，需求最大的一定是人才！人才从哪里来？

德佑模仿海底捞,摸索出一套"师徒制",专门做人才培养和裂变。如果老店长自己门店经营得不错,又想多赚钱,老店长就要注重对新店长的培养。如果新店长考评合格,老店长就有资格与公司合开新店。老店长出资30%,总部出资70%,而门店的经营权交给新店长。利润分红,新店长拿30%,公司和老店长按出资比例分配。新店长经营得越好,利润就越高,公司、老店长、新店长就赚得越多,而这些都靠自己的经营管理,总部不干涉。假如亏本了,那也是三方一起承担风险。因此,这些店长为了拿到更多门店分红,就会毫无保留、全心全意地,把自己的门店经营经验教给徒弟。

(三)总部做强、做大的平台赋能

那么有人就会问了,德佑总部只是出钱投资,然后收分红吗?

并不是,德佑总部起了非常重要的作用,相当于一个强大的推手。从资金、资源入手,对店长进行包括招聘、新门店业务赋能、产品操作等在内的全方位的赋能培养,向各个门店输送优质人才,激活组织。针对各个阶层的干部员工,都有不同的培养计划。

总之,德佑的这套合伙人模式,很明显是成功的。店长变老板,靠着平台赋能模式,企业稳稳当当地扩张裂变,带着员工实现共同富裕,这种公司做不大是不可能的。

四、碧桂园事业合伙人制度

截至2017年末,碧桂园以5500.1亿元销售业绩跃居行业榜首。

市场变化多端,同行不断洗牌,碧桂园规模跃进,与人才打造、激励制度、架构体系、管理思维等一系列变化息息相关。

（一）事业合伙人制度的背景

事业合伙人制度，本质是与员工分享不确定性，从而收益共享，风险共担；其包括持股计划、项目跟投两个部分。

碧桂园是房地产行业内最早实施事业合伙人制度的企业之一。

2012年，为了达到企业与员工共同承担项目风险、共同享受项目利润的目标，推出了"成就共享计划"，对区域和项目管理层及其团队进行激励，"成就共享计划"相当于管理层内部创业，达到类似合伙人的效果，因为惩罚机制严苛，导致区域管理层经营风格偏向保守，规避经营风险。

为了弥补"成就共享计划"的不足，激励区域管理层积极地寻找和开发优质项目，碧桂园在2014年推出了"同心共享计划"。

新计划采用了项目跟投制度，将新增的项目转变为合伙制企业项目，进行扁平化管理，管理中心下移，实现了真正的成果共享、风险共担（见图5-11）。

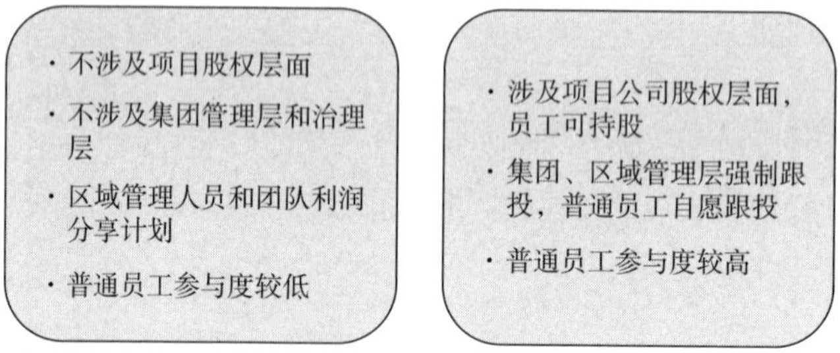

- 不涉及项目股权层面
- 不涉及集团管理层和治理层
- 区域管理人员和团队利润分享计划
- 普通员工参与度较低

- 涉及项目公司股权层面，员工可持股
- 集团、区域管理层强制跟投，普通员工自愿跟投
- 普通员工参与度较高

图5-11　同心共享计划

事业合伙人制度是碧桂园创始人杨国强一手主推的，旨在让每一个员工都投入更大的工作积极性，以合伙人方式与项目更紧密联结，促进项目降本增效，从而获得更大的回报。

这是杨国强用来将外部优秀职业经理人与碧桂园绑定的利益绳索。

（二）碧桂园"同心共享计划"的好处

一方面，有利于项目更积极控制运营成本，提升集团利润率和投资回报率；另一方面，让员工与碧桂园一起按持股比例共同投资、共同管理、共享利益、共担风险，让员工与公司共同成长发展，有效规避"驾驶员风险"。[①]

一个不称职的负责人就像一名飞行失衡的驾驶员，会给公司带来一场灾难。杨国强需要做的，是从根本上确保各地每一位"驾驶员"尽心尽责。

（三）项目跟投制度实施效果

从实际效果来看，项目运营质量显著提升，优秀员工获利丰厚。

碧桂园2017年上半年年报披露，已申报"同心共享项目"733个，累计合同销售额达约4727亿元。自2014年"同心共享计划"实施以来，2015年有两位区域总经理年收入超1亿元，到2016年有6人获上亿元年终分红，企业自有资金年化收益率近70%，大大鼓舞了员工斗志。

五、复星国际合伙人制度

（一）制度措施

1.合伙人持股计划

根据复星国际公布的购股权计划，每名承授人于授出日期第五周年（2021年

---

① 在地产行业，"驾驶员风险"指房地产企业中各地负责人的才能与当地销售业绩的风险关系。

1月8日）起，至购股权届满失效（2026年1月8日）之前，分3次行使购股权。承授人在达成与集团相关的特定绩效目标后，才可行使购股权，绩效目标由董事会设立（见图5-12）。

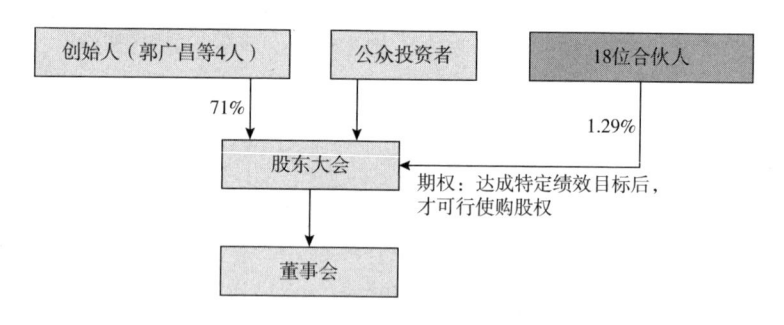

图5-12　复星国际合伙人持股计划

2.合伙人资格要求

复星国际董事长郭广昌在《一封信》中进一步解释了复星国际合伙人制度：第一，复星国际会有不同层面的合伙人，合伙人将是各自专业领域的脊梁，又拥有复星国际全局发展的视野；第二，复星国际集团层面的合伙人，是完善整个合伙人制度最重要的一步；第三，复星国际合伙人一定是全球化的，未来将有更多来自全球的合伙人加入；第四，也是最重要的，复星国际合伙人不是终身制的，也不论资排辈，希望更多年富力强、符合标准的新鲜血液补充进来，而不符合的一定要逐渐退出。

（二）制度动机

制度操盘手——复星国际副总裁、首席人力资源官康岚在接受腾讯财经采访时表示："其实做合伙人这件事，从我们的发展历程和业务模式来看，是非常自然的一个选择。因为作为从多元化的产业集团转型成为全球化的投资加保险的业务模式，实际上就决定了我们会走精英组织的模式。"

（三）制度得失分析

除了对核心管理层进行激励，复星国际也希望在组织和决策流程上有所变革。目前，复星国际已经成为涉足多个产业、多个国家的综合性投资集团，除了进一步在全球投资布局，对所投项目的投后管理及项目之间的协同也变得越来越重要。复星国际的这套制度，到目前为止还处于非常稚嫩的状态，相比万科的合伙人制度尚显单薄，应该还有后续政策出台。

六、高盛合伙制发展历程

（一）华尔街顶级投资银行发迹基石：有限合伙制组织形式

有限合伙制组织形式曾被认为是投资银行最理想的体制。它使西方的投资银行在100多年中，得以将才能最优秀也是流动性最强的业内精英集结在一起，形成了一种独特、稳定而有效的管理架构（见图5-13），并先后产生了诸如摩根、美林、高盛等优秀的投资银行。

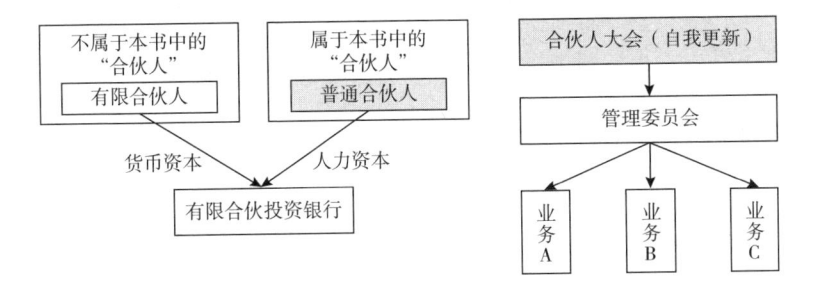

图5-13 有限合伙制投资银行的标准组织结构和管理模式

《高盛帝国》（*The Partnership: The Making of Goldman Sachs*）一书指出，高盛在50年间能从一个小而普通的公司变为庞大和最优秀的公司，原因在于它长时间延续了"一荣俱荣、一损俱损"的紧密协作的合伙人制度（见表5-7）。

表5-7 有限合伙制投行的优势

优势	描述
所有者和经营者的物质利益得到了合理配置	在有限合伙制投资银行中，有限合伙人提供大约99%的资金，分享约80%的收益；普通合伙人以1%的资本最多可获得20%的收益
有很强的精神激励，即权力与地位激励	合伙人一般为某一业务负责人，"高盛合伙人"头衔被认为是华尔街从业者梦寐以求的荣誉之一
充分体现了激励与约束对等的原则	由于经营者承担无限责任，因此在经营活动中能够自我约束控制风险，并容易获得客户的信任；同时，由于出色的业务骨干具有被吸收为新合伙人的机会，可以激励员工进取和对公司保持忠诚，并推动企业进入良性发展的轨道

（二）20世纪80年代以来，华尔街大型投资银行纷纷上市，而小型投资银行仍大量保存有限合伙制组织形式

大型投资银行纷纷上市。20世纪70年代以来，投资银行业发展的明显变化之一就是大规模的投资银行纷纷转为上市公司，如美林（1971年）、贝尔斯登（1985年）、摩根·士丹利（1986年）、高盛（1999年）。

大型投资银行上市原因如下：第一，扩充资本金的压力。公司上市最明显的优势是扩大融资渠道，增强资本实力。第二，承担无限责任的风险和压力。随着华尔街金融创新尤其是金融衍生工具的发展，证券市场的规模和风险也同时被杠杆效应放大了。第三，激励机制的掣肘与人才竞争的压力。对于优秀一线业务人员来说，与经过漫长等待成为一名合伙人相比，股份制投资银行盈利提成的分配制度更实在。

在小规模专业化的投资银行中，有限合伙制组织形式仍被大量保留。作为华尔街最后一家保留合伙制的大型投资银行，高盛在转为上市公司时，曾引起各界

的关注及内部合伙人的强烈争议。但合伙制转为股份制这一趋势仅在大规模的投资银行中才更为明显，2014年，在对美国证券行业协会的600余家会员证券机构的统计中，仍有150余家证券机构采用合伙制组织形式。

（三）上市后的高盛，合伙制组织形式变为"公司制+合伙制管理"，但仍保持很多优良传统

高盛在很多方面仍保持着原先合伙制的文化（尤其是对风险的敏感）。问责制、风险评估管理等相互监督、相互制衡的决策流程确保了对于潜在风险全面客观的认识。2006年底高盛能占得先机，在第一时间撤离房贷市场，成为笑到最后的赢家，再清晰不过地凸显了这一点。

高盛在由合伙制转为股份制后，原合伙人仍是公司大股东，他们仍然能够凭借其拥有的客户资源，对公司的业务发挥较大的影响。公司的上层依然是原先的合伙人，只是现在是通过持有股份的体制，以及利用经营者自己对公司的贡献，按照一定的价格获取股份。

高盛内部仍然有"合伙人"这一头衔（其他上市投资银行没有保留）。"高盛合伙人"也是每个华尔街从业者所垂涎的职位，高盛合伙人平均年薪为90万美元，而其年终奖金可能达到年薪的数倍，并可获取数额可观的股权。高盛合伙人全球数量大约为300人，每两年更新其中的1/3或1/4。

第六章
落地绩效合伙人系统的注意事项

CHAPTER 6

第六章
落地绩效合伙人系统的注意事项

系统的特征就是找到"造钟人",而不是"报时人"。企业以前太喜欢"报时人"了,单靠企业家个人的能力,如今这种管理方式已经不适用了,企业应具备的是一个完善的系统与完备的组织能力。组织能力的打造包括思维、能力、环境3个方面。

整个绩效合伙人系统其实是在打造一种组织能力,围绕着整个团队的思维能力展开。

当然,对有些观念,很多人不一定能够感同身受,但笔者敢断言,如果你的企业还能发展5~10年,最终一定会形成这套系统。

建立系统的重要性不言而喻,前文也介绍过如何利用绩效合伙人系统解决企业缺资金、缺人才、缺资源三大难题。那么如何有效地落地绩效合伙人系统呢?总结为3步:"一把手"工程、建立培训体系、导入智囊团。

第一节
"一把手"工程

实际上,动态治理是企业的"一把手"工程,其成功和失败与"一把手"的态度和行动有着必然、直接的联系,如果"一把手"认为动态治理是件值得做的事情,并能采取积极的行动策略,投入较多的精力和较大的热情,动态治理就能取得成功;如果"一把手"认为动态治理不值得做,或者虽然认为值得做,但没有采取积极的行动,始终站在人力资源经理的背后而没有走到台前进行宣传和推动,那么动态治理的失败就只是个时间早晚的问题了。

许多企业的动态治理长期停留在填表考核的阶段,以公平、公正为根本原则的动态治理最终不能保证其结果的公平与公正,以提高员工和外部合伙人绩效为立足点的动态治理最终没有起到帮助作用，其根本原因在于企业"一把手"的决策出了问题。也就是说，对动态治理方案流于形式、落于失败负主要责任的当是身为企业"一把手"的总经理，而不是人力资源经理。

接下来我们将对导致动态治理失败的主要原因——"一把手"责任进行分析，希望通过此处的分析，引起企业"一把手"更多的支持和重视，使动态治理在企业中获得更好的实施和推行。

对于动态治理的失败，企业"一把手"在以下几个方面负有责任。

一、"一把手"的学习计划表没有把动态治理列为"必修课"

在终身学习的理念被广泛认可的今天，学习成为企业"一把手"工作之外最大的时间投资。在他们装潢精美的书架上，摆着各类经营和管理书籍，市场上畅销的书籍一般都被收入在内，作为精神给养和"充电"之需。喜欢教导与分享的"一把手"经常向下属推销一些他们认为有价值的书，如《第五项修炼》，如《杰克·韦尔奇自传》，但鲜见"一把手"推荐有关动态治理的著作，就是被奉为动态治理圣经之作的、罗伯特·巴克沃先生著的《绩效管理：如何考评员工的表现》这样的书都不曾被提及，这不能不说是一件遗憾的事情。

也许"一把手"根本就没有把动态治理作为"必修课"列入学习计划表，也许他们根本就不认为这是该由他们考虑的事情。

但是，事实上并非如此，因为不管"一把手"的工作多么忙，时间多么不够分配，动态治理的方案最终还是需要得到他们的首肯才可以在企业内推行，当方案的执行出了问题，也必须汇报至总经理一级的领导，由他们出面协调。从这个意义上讲，"一把手"的知识体系里缺了动态治理这一环是不正常的，毕竟他们不是天生的动态治理专家，他们所理解和掌握的理念并不一定就是正确的、全面的。

因此，建议企业"一把手"在学习计划表里补上动态治理这一课。

二、"一把手"对动态治理工作的关注度不够

"一把手"对动态治理工作的关注一般都集中于人力资源部做了什么，而不是动态治理体系本身发挥了什么作用，这就使动态治理工作流于表面化、形式化。

通常，"一把手"会把动态治理当作人力资源部的事情，认为企业对部门和员工绩效的考核，要的是结果，至于考核什么、怎么考核，都是人力资源部该考虑的事情，其他的经理要做的只是配合人力资源部完成"规定动作"（填表、打分），而无须做更多的工作。

于是，系统化的动态治理就被肢解成了暗箱操作的绩效考核，成了仪式化的填表"表演"，当"表演"结束回到现实当中的时候，企业才发现，这样的做法并没有什么实际的效果，也许只是有意识地制造了一堆废纸，而人力资源部往往又因此成为其他部门攻击的对象。

并不是人力资源部想找麻烦，他们也想做出一些能对其他部门有所帮助的举措，成为受人欢迎、受人尊重的部门，动态治理就是这样的一个举措。但问题是事情并不由人力资源部决定，一切都得"一把手"说了算，人力资源部无权作出任何决策。尽管"一把手"经常认为动态治理是人力资源部的事情，但当准备实施新的绩效政策的时候，他们的"长官意志"将起到决定作用。因此，在动态治理这件事情上，人力资源部经理所充当的角色仍然是"高级办事员"，他们只是在"一把手"的授意下做事情。

当人力资源部的权限没有大到号令其他部门的时候，"一把手"对动态治理的关注程度将决定整个企业的动态治理决策的走向。

因此，建议"一把手"在关注结果的同时对动态治理的过程给予更多的关注，当"一把手"认识到动态治理过程的重要性并给予足够的重视和支持的时候，动态治理的成功才具备可能性，否则，等待大家的也许只是怨言和责难。

三、狭义理解成功

在很多"一把手"看来，动态治理最大的成功就是能解决薪酬分配问题，通过有效的考核手段，获得准确的考核数据，从而使薪酬决策得以执行，这也是"一把手"认为动态治理值得做的主要原因之一。

在这种思想的指导下，"一把手"的指示往往集中于考核的方法，对动态治理表的设计表现出极大的关注，对考核表的可操作性的追求可谓达到了极致。于是，人力资源部的工作重心也就从流程的改造和体系的建设转移到了对考核方法的研究上，被动地应付"一把手"的指示。

仅仅把动态治理当作企业发放工资的工具是不全面的，甚至是错误的，这是对动态治理的狭义理解。

我们知道，事实上，动态治理是企业战略目标得以有效落实的助推器，通过对企业战略的层层分解，使其得到执行和落实，使员工个人的目标和企业的目标有效地结合起来，发挥综合效力，这才是绩效管理目的所在。

因此，作为动态治理的"一把手"和"总指挥"不能用功利性的眼光去看待和对待动态治理，而应从企业战略的层面着眼，从提高员工的绩效着手，努力推动其向积极的方向发展。

我们有如下改进建议：

"一把手"应对导致动态治理失败的原因进行深刻的反思，深入思考为使动态治理取得成功，自己该做些什么，采取什么行动策略，然后积极行动起来，把动态治理当作一门"功课"加以研究，熟练掌握动态治理的理论，厘清认识，明确方向。充分调动人力资源经理的主观能动性，主动与之探讨有关的问题，在认识和理解上与其达成共识。在此基础上，于有关动态治理的会议中，对企业的决策发表更多自己的观点；加强与经理们的沟通，对他们的动态治理工作表示关心和支持，努力推动企业的动态治理不断向前发展，定期组织企业管理层对动态治理的运行状况进行调研，适时调整，以保证企业始终在正确的轨道上有效运行，并能及时得到改善和提高，真正发挥作用。

第二节
建立培训体系

建立企业内部培训体系的核心目的是提高员工工作技能和绩效，并提高公司的整体绩效。这需要企业在建立内部培训体系时明确各部门对培训的职责及监督培训并评估和反馈培训效果。

一、企业需要建立培训体系

首先，对培训体系进行一定的说明。我们先来看看培训体系搭建有哪些误区。

（1）认为培训体系等于课程体系。很多企业的内训师或培训专员最开始的时候都认为培训体系等于课程体系。在严格意义上讲，培训体系包含了我们经常所说的LD、TD、OD，也就是学习发展维度和人才发展维度，乃至上升到组织发展的层面。

（2）过于忽略身边的重要角色。说到培训体系，大家肯定会想到课程、师资、项目设计实施等，这里我们忽略了组织内的培训工作分工。在一个企业里，培训不仅是培训部门的事，也是业务部门的事。所有的培训一定是基于企业内部的问题或业务的需求，一切都服务于前端部门。不要把培训管理和培训混为一谈，这两者是有一定的差异的，例如，培训是属于个体学习领域的内容，其功能和使命是训练员工掌握完成岗位工作所需的知识和技能，并为员工的进一步发展奠定知识技术基础；培训管理更多的是要给业务部门提供绩效技术应用的训练，鼓励业务部门主动应用绩效技术，并保持对绩效提升需求的关注。

其次，在我们了解了这几个误区后，再分析培训体系搭建的一些方法，会发现其组成实际上就是这几个板块：职业通用技能训练、岗位任务基本技能、业务技能提升、人才培养需求。企业需要通过课程、师资体系、学习资源、业务课题的融合来应对这些需求。

最后，具体如何落地有两个方法，一个方法是从内部找资源，另一个方法是从外部找资源。内部可以根据岗位性质的不同先建立讲师队伍，根据每个讲师不同的业务板块先给企业需要的岗位新人进行授课，同时根据这些课程统一分类，建立课程库和讲师管理库，从而统一标准。当这一步做好了以后，我们再根据企业的战略发展，统筹相关业务部门萃取开发。

二、团队一定是带出来的

全世界优秀的企业，特别在中国这片土地上，做得十分好的民营企业，其核心成员都是创始人自己带出来的。比如阿里巴巴的童文红、京东的那些事业部"老大"，所以奉劝各位读者，从今天开始一定要干一件事，就是"带队伍"，可以称其为培养轮值总经理助理。

即对企业内部的"好苗子",在其完成原岗位职责的同时,依次进行轮岗,培养此人的综合能力。使这些优秀的人才拥有大局观,接受企业本身的体系,最后再进入执行的阶段。

第三节

导入智囊团

一、导入智囊团的必要性

导入智囊团,就是在企业经营过程中,多一只"看不见的手"(企业咨询顾问),解决企业发展中的难题。咨询从来不是一次性买卖,它为参与的企业管理者和员工的能力进化提供了一系列的综合服务,为参与者负责,塑造其内在价值提升。

顾问作为一个职业,已经存在很久了,无论古代政治权谋需要的"谋士",还是战争年代需要的"军师",他们都是地地道道的顾问。

随着时代的变迁,顾问作为一种职业,已经形成一种社会群落,他们在社会进步和企业发展中焕发出更多的光彩,更加深入地参与社会的变迁、企业的成长与变革。

企业希望通过顾问的辅导达到以下目的:一是统一企业内部的思想和认识;二是解决企业存在的现有问题;三是掌握先进的管理方法、技术和工具;四是锻炼管理人员的技能,培养一批人才。拥有这样认知的企业深深地懂得"外因必须通过内因起作用"的道理,他们需要的是"教练式顾问"这种角色。顾问在解决企业问题的过程中扮演的是参谋的角色,协助企业解决问题,和企业一起找答案。

企业一般需要什么样的顾问呢？

第一个是经营顾问。经营顾问主要提供经营方面的指导，从规划顶层设计到指导落地实施。

第二个是法律顾问。法律顾问一般涉及3个方向的事务，分别是劳动纠纷、合同纠纷和法律规范。

第三个是财务顾问。财务顾问主要帮助企业进行财务、重点账目的管理和税务的管理。财务相关问题非常重要，如果处理不好会影响企业的财务安全。

第四个是资本顾问。企业在发展过程中，需要进行投融资的策略安排，包括与一些相关的金融机构，如银行、证券、基金的合作，需要资本顾问提供指导。

企业为什么需要顾问呢？

因为企业经营的难度加大了。由于已经过了红利期，从增量市场到存量市场，市场竞争加剧。内部管理体系已经不再由生产线工人管理，而是由知识工作者管理，需要现代化的管理来支持。客户的需求变化及竞品对客户的拦截，导致原有的产品体系和业务体系已经很难适应新的消费需求和竞争需要，这时就需要一个懂客户的人。企业家固有的知识体系不足以支撑现在复杂的经营体系，其很容易陷入自我感觉良好的误区，企业缺乏内部变革的能力，需要外部力量的推动。企业在经营发展的不同阶段会遇到不同的问题，原有的团队会习惯性地用老办法解决新问题，导致问题频发。例如，企业对资本市场和相关的金融机构不太了解，错失了借助资本快速发展的大好时机；企业缺乏人岗匹配的科学体系，导致人岗没有合理匹配，经营效率不高；企业对市场了解不足，在购买企业服务时，没有方向，容易出错；企业在找互联网营销团队、策划团队等时，经常在尝试后才发现不是自己想要的，花费了巨额的试错成本。一个好的顾问能够根据多年的经验给出指导意见，能够合理匹配资源，避免多走冤枉路。

第六章
落地绩效合伙人系统的注意事项

咨询顾问能够帮助企业解决什么问题呢？

在战略层面上帮助企业梳理行业的发展阶段、未来趋势和前景，让企业早做准备；研究行业内的竞争状态，寻找企业的差异化定位；研究消费者的演变过程和消费趋势，便于实现战略布局；研究现有的产品、业务结构和未来的产品业务布局，提升产品竞争力；针对不同的发展阶段，制定不同的经营策略，实现平稳过渡；对整个人才体系进行优化，招揽优秀人才，实现业务流程与人才体系的匹配；协作制定市场发展策略和外部合作方式，让企业步入发展的快车道；制定企业的投融资策略，为企业的发展提供枪支弹药；制定行业融合策略，快速奠定企业在行业中的地位；找到企业家的认知盲区，完善企业家的认知体系，实现准确决策。

智囊团又称头脑企业、智囊集团或思想库、智囊机构、顾问班子，是专门从事开发性研究的咨询研究机构。它将各学科的专家学者聚集起来，运用他们的智慧和才能，为社会经济等领域的发展提供满意方案或优化方案，是现代管理体制中不可缺少的组成部分。其主要任务包括提供咨询，为决策者献计献策、判断运筹，提出各种设计；反馈信息，对实施方案追踪调查研究，把运行结果反馈到决策者那里，便于纠偏；进行诊断，根据现状研究产生问题的原因，寻找解决问题的症结；预测未来，从不同的角度运用各种方法，提出各种预测方案供决策者选用。

美国钢铁公司创始人卡内基曾说过："将我所有的工厂、设备、市场、资金全部夺去，只要留下我的成员，4年后我仍将是一个钢铁大王。"喜欢与别人共同创造财富、分享财富的卡内基可以说是智囊团这一原则的倡导者。

看看南迁的候鸟，它们之所以以"V"字形飞行，是为了利用群体的力量，减少飞行时因气流造成的阻力。领头雁受到的阻力最大，所以它们轮流领航。据物理学家研究，集体飞行的路程要比单独飞行远72%以上。一个企业，如同一个雁阵，领航的是其精英，他们就是企业中的智囊团。

选智囊必须考虑两个要素：一是智囊必须有企业需要的足够的能力与专长；

二是智囊必须真诚、正直、善良，能多角度地评估利弊，并把决策权交给企业顾问。在企业经营过程中，企业顾问加入智囊团，可以解决企业发展中的难题，它为参与的企业管理者和员工的能力进化提供一系列综合服务，为参与者负责，以塑造其内在价值提升为根本动力。

我们在长期的企业咨询实践中发现，很多企业管理者不知道自己的企业究竟应不应该请管理咨询公司，而且对其重要性和紧迫性也缺乏足够的认识，我们认为，如果在企业经营中遇到下列情况，可以考虑聘用管理咨询公司。

（1）缺乏某种关键的知识和技能。企业在高速成长期试图最大限度地占据市场，或者在成熟期谋求突破时，往往会发现企业不具备所需要的人才和相关的组织经验。例如，如何使企业持续稳定发展？如何建立有效的企业内部机制来应对市场竞争？如何快速有效地完成企业人员的调整？有时，企业所欠缺的这些管理知识和技能，对企业的未来可能非常重要。这时，管理咨询公司就能帮企业找到问题的答案。

（2）需要外来者客观公正的观点。当企业面临重大决策时，首先需要从客观的角度来评估。此时，管理咨询公司作为外来者、旁观者，所提供的建议往往比来自企业内部的建议更加客观。

（3）需要输入新的观念。企业内部的员工在同一环境中相处日久，思维往往形成某种定势，处理问题时也会因循守旧，在无形中会对外部新观念形成抵制。在这种情况下，管理咨询公司能将外部有生命力的新观念及行之有效的新方法，通过和企业的合作，引入企业内部。

（4）需要借助外力引发变革。有时候，企业必须借助外部力量来引发企业内部的变革。尤其在企业经营业绩良好时，员工很容易沉醉在一种自我满足感中。管理咨询公司的介入，能够通过各种活动诸如培训、研讨等，在企业内部形成求新图变的共识，以此来推动所需变革的进行。

二、真实咨询案例

（一）康大医疗

浙江世纪康大医疗科技有限公司（简称康大医疗）位于地理位置优越、交通便利的国家级萧山经济技术开发区内，是萧山区首家从事体外诊断试剂及医疗器械产品研发、生产、销售、技术服务的企业，主要产品包括临床化学体外诊断试剂盒、免疫组化染色系统、基因测序分析产品。公司总投资1.6亿元，占地面积约8700平方米，拥有自己的工业园区。康大医疗自创立以来，一直保持着稳定持续的发展，已成为全国医疗设备行业中屈指可数的佼佼者。康大医疗与国内外的多家知名大专院校和专业科研机构建立了广泛的技术交流，建立以市场为导向、以产品为核心、产学研相结合的科技创新体系。

作为早年的新三板企业，康大医疗的企业形态可以说是非常好的。但是在咨询团队深入调研过程中，企业的文化软实力存在的问题越发凸显出来，企业内部人员凝聚力不足的现象在团队对各个层级员工进行访谈时比较突出，于是在咨询团队与企业成员的共创共识下，康大医疗最终提炼出了企业的八项规定及使命、愿景、价值观等，形成了可以考评的企业文化，一个可以真正贯彻落地的企业文化，进而完成了关于康大医疗预备合伙人的一套系统。

（二）中国建筑装饰行业百强——原点建设

广州原点建设工程有限公司（简称原点建设）成立于2005年，是一家秉承设计与施工一体化服务理念、致力于为客户提供一站式精品工程的综合服务商，长期服务于建筑装饰、建筑幕墙、机电安装、电子与智能化工洁净、消防、园林绿化等建设领域，是国家高新技术企业、中国建筑装饰行业百强企业。

我们在咨询过程中发现，企业的首要问题是商业模式需要优化，除此以外，企业的战略解码做得不好，这两点存在问题，对于企业的影响无疑是巨大的，甚至可能会引起企业的慢性死亡。在咨询团队驻扎企业期间，企业高管和员工的一次沟通引起了团队成员的注意：这位高管说员工年度计划做得不好。员工并没有第一时间分析问题、讨论本质，只是一再强调"我只能这么干，因为存在很多不确定性因素"，但又说不出所以然来。这一段对话就如同"鸡同鸭讲"。并不是说员工的格局不够，而是指两人不在一个频道上。一边在想如何将客户搞定，另一边强调的是体系的建立，两人讲的并不是一个东西。咨询团队敏锐地察觉到双方缺乏一个统一的思维框架。蒙牛的牛根生讲过一句至理名言：团队一定是"公说公有理，婆说婆有理"的，最好的方法就是统一价值观，统一价值观的最好的方式就是集中集体学习。员工一定要在同一个频道去学同一个东西。于是通过这个切入点，这个咨询过程就迅速展开了。

最终原点建设通过导入绩效合伙人系统，打破了企业原有的业务逻辑，重新深化并精准定位，为企业的联合经营板块业务赢得了行业先机。

从上述案例可以看出，导入智囊团，即咨询顾问，可以帮助企业家挖掘隐藏问题，从客观、专业的角度，帮助企业走出困局，用智慧助力企业成长。

最后，希望各位读者通过阅读本书，能够对企业文化、商业模式、战略解码、目标分解、绩效赋能、内外动力机制、合伙顶层架构、合伙协议规则这一条清晰的绩效合伙人系统逻辑有更深刻的理解，并将其合理地运用在自己的企业中，助力企业利润倍增。

商者无域，相融共生，与诸位共勉之。